心学大师湛若水丛书

湛若水以史为鉴

邢益海／著

广州新华出版发行集团
广州出版社

图书在版编目（CIP）数据

湛若水以史为鉴 / 邢益海著．—广州：广州出版社，2018.7
（心学大师湛若水丛书）
ISBN 978-7-5462-2803-7

Ⅰ．①湛…　Ⅱ．①邢…　Ⅲ．①湛若水（1466—1560）—哲学思想—研究　Ⅳ．①B248.995

中国版本图书馆CIP数据核字（2018）第154253号

书　　名　湛若水以史为鉴
Zhan Ruoshui Yishi-weijian
出版发行　广州出版社
（地址：广州市天河区天润路 87 号 9 楼、10 楼　邮政编码：510635
网址：www.gzcbs.com.cn）
策　　划　柳宗慧
责任编辑　杨珊珊　陈洁仪
文字编辑　张申申
责任校对　黄焕姗　张　苹　李少芳
封面设计　肖晓文
印刷单位　广东信源彩色印务有限公司
（地址：广州市番禺区南村村东兴工业园　邮政编码：511442
电话：020-31035501）
规　　格　787 毫米 ×1092 毫米　16 开
字　　数　161 千
印　　张　10.25
版　　次　2018 年 7 月第 1 版
印　　次　2018 年 7 月第 1 次
书　　号　ISBN 978-7-5462-2803-7
定　　价　38.00 元

前言

湛氏若水（1466—1560），初名露，字民泽，后因避祖讳，改名雨，40岁时开始定名若水。字元明，号甘泉，谥号文简。明代著名思想家、教育家、政治家。甘泉是明代心学奠基者陈白沙的衣钵传人，他们创立的学派被称为岭南心学，以便区别于王阳明为代表的阳明心学。甘泉寿高，享年95岁，年少之时父亲去世，只能跟随母亲四处飘零，生活不乏艰难困苦。尔后经过科举仕进，由朝廷中的庶吉士做起，最后做了官属二品的礼部、吏部、兵部的三部尚书。当然，他曾亲历了明代官场的险恶，也懂得人间世故，虽然也会遇到诬蔑、陷害，甚至弹劾之类，但他都能安然度过，这其中不乏有人生智慧。甘泉一生不忘讲学，创办书院，招收门徒，传道授业、明理解惑。他勤于著述，善于思考，学术成果丰硕，思想博大精深，其中有经济的、政治的、礼法的、教育的、家规的、哲学的，等等，不愧为一代宗师，与同时代的王阳明堪称思想双峰。不唯如此，他的书院思想以及甘泉学派思想的形成及传承等，都值得人们去认真研究，以便从中汲取精华，为现代的社会建设、经济发展、精神文明、人格培养提供可以借鉴的理论资源。

甘泉学说继承白沙，白沙学说的基本特点是突出人的主体性以及人的本体地位。“天地我立，万化我出，而宇宙在我。”“我”非小我，也非私我，“我”是大我，也是天理。这个“我”是一种境界，也是一种胸怀，“我”是堂堂正正，直道而行，正义凛然，顶天立地。同时，也有一种理性认知，“我”不囿于一己之私，不拘于陈说陋习，也不屈于世俗权威。“我”的特点在“知疑”，“学贵知疑”。学是觉悟，疑是批判。只有思考批判，才能有所觉悟，也才会有进步，小疑小进步，大疑大进步，不疑不进步。白沙主张“静坐”，因为“静坐”，“久之，然后见吾此心之体隐然呈露，常若有物”。即“静坐”能体悟到“心”之本体的存在。平时人们可能会因为外在事物的缠绕，生活的繁忙，忘记了对自我的反省，忘记了“吾日三省吾身”。而只有在“静”下来的时候才会去思考什么是有意义的，什么是无意义的，什么是值得的，什么是不值得的。所以“静”是一种消极自由，一种不被世俗左右的自由，这实际就是意志自由、人格独立。和“主静”有关的是“自得”，所谓“自得者，不累于外物，不累于耳目，不累于造次颠沛，鸢飞鱼跃，其机在我”。“自得”说的是自主，不仅不被外物决定，而且又是自由自在，即“鸢飞鱼跃，其机在我”。因为“我”是主体。当然，白沙哲学中还有个“自然”范畴，“自然”源自道家，白沙引用了，并把它作为自己哲学的基本范畴，同时赋予了“心学”的意义。“自然”是“道”，“自然之乐，乃真乐也。宇宙间复有何事”。人生真正的“乐”是对“道”的“乐”，对于“道”的“乐”就是“自然之乐”，有了这种“乐”，其他的乐也就不算什么了。白沙处世大气，为人狂放，常思“我大而物小”，物之小者不足以夺取我之大者。作为儒者，他的自由绝对不是肆无忌惮、放荡不羁，而是“从心所欲而不逾矩”，是在自由洒落中对于义理的坚守，“义理须到溶液处，操存须到洒落处”。

甘泉学说不同白沙学说，白沙主静，甘泉主敬，甘泉说：“善学者，必令动静一于敬，敬立而动静浑矣。此合内外之道也。”什么是内外之道，内是道德理性，外是道德实践，道德理性很好地落实在道德实践中就是合内外之道。如果说“静”是一种消极自由，是不累于物，那么，“敬”就是一种积极自由，它要求儒者对于道德律令的真诚遵守，即先哲说的“执事敬”。实际上，这就是甘泉所理解的“自得”。在他看来，人能“执事敬”，就能有“自得”。他说：“若仆之愚见，则于圣贤常格内寻下手，庶有自得处。”“常格内寻下手”就是“体认天理”，“随处体认天理”是甘泉的发明，白沙给予了充分肯定：“日用间随处体认天理，著此一鞭，何患不得到古人佳处也。”甘泉解释：“吾之所谓随处云者，随心、随意、随身、随家、随国、随天下、随其所寂所感时耳，一耳。寂则廓然大公，感则物来顺应，所寂所感不同，而皆不离于吾心中正之本体。”就是在任何时候、任何情况下都要自觉体认“天理”的存在，并把它贯彻下去。不论是动，还是静，是感，还是寂，都不要忘记“天理”。寂静之时的“廓然大公”和动感之时的“物来顺应”，都是对于“天理”的自觉。所以，在“体认天理”的过程中，既有“心”，也有“物”；既有“知”，也有“行”。故“体认天理者，兼知行、合内外言之也。”“体认天理”包含了知行合一、表里如一和言行一致。它是一种工夫，工夫熟后，即是“自然”。所谓“自然”者，不见人为，不假人力，“不勉而中，不思而得”，自然而然，毫无造作，它是一种修养，也是一种境界。

甘泉不同于阳明，尽管他们是好朋友，也都属于心学一系。但他们都不苟且于对真理的探索和坚持，在具体的学术观点上他们有分歧。甘泉讲“心无所不包”和“心无所不贯”。阳明讲“心外无物”和“心外无理”。“心无所不包”说的是“心”包含了万物的存在，形上之“心”是万物的价值之源，“心无所不贯”说的是形上之“心”贯穿于万事万物中，当然也贯穿在人的言行当中。阳明讲“心外无物”突出了形上之“心”的价值之源，强调的是“致良知”，同时，在价值存在上否认了“物”的独立自在性，故后来的王学禅化在这里就埋下了伏笔。日本学者冈田武彦对甘泉的评价也许能说明问题：“湛甘泉豪迈峻敏，虽在力量上不如使其学风靡一代的阳明，但却比阳明资格稍老。他始终以体认之学为宗，其学与王学相互出入。阳明死后，湛甘泉又保持三十余年的长寿，在纠正当时朱子学亚流之弊的同时，又致力于救正王学亚流的猖狂之弊。”应该说，这个评价比较公允。

除了哲学之外，甘泉还有教育、礼法、政治，乃至经济思想等。甘泉重视教育，据史料记载：他建的书院（包括帮他建书院者）就有35所，其中广东地区有22所，如在西樵山建云谷书院、大科书院，在增城建龙潭书院、独冈书院、莲洞书院，在罗浮山建甘泉精舍、天华精舍，在白云山建白云书院，在广州建天关书院等。他的弟子接近4000人。陈裕荣编著的《湛甘泉门生弟子考录》一书记载有名有姓的弟子就达649位。明末清初的黄宗羲，在师承上就属甘泉的四传，即甘泉传唐枢，唐枢传许孚远，许孚远传刘宗周，刘宗周传黄宗羲。在教育中，甘泉重视人格培养和实践教学，他说：“君子之学也，犹之锻金也，不炉不锤则金不精。事也者，学之炉锤也，不历事则仁不熟。不熟，仁之弃也。夫仁也者，贵熟之。”人的品质不仅是学来的，更重要的是锻炼出来的，这锻炼就是在事上磨，事上磨就是社会实践。

甘泉关注礼教，不论是在书院的训规中，还是自己的家训中，都讲到许多有关礼规的内容，同时也非常重视这方面的训练。这其中就包括日常生活中的洒扫应对、爱亲敬长、隆师亲友等。这些都是做人的基本礼节。如《大科训规》说：“诸生相处，务守长幼之节。”“诸生相聚，不可自是自高，无长幼之序，虚心相下，非但礼所当然，亦且受益。”说的是弟子之间的相互尊重。《家训》讲：“凡父母在，兄弟不得各爨。每晨与兄弟同造父母之所，问夜寝安否，食能美否。父母问诸子过失否，过失安在，各前跪对。”其中所说应该以家庭的统一为重，子女要向父母问候请安，父母要问子女做事有无过错。另外，对于传统的吉礼、凶礼、军礼、宾礼和嘉礼，以及乐、射、御中有关礼的问题也都有论述。

在政治经济方面，他承续中国的德治传统，主张以德治国，强调对于“国之理”的认知。他说：治国首先要认识“国之理”，“《大学·治国章》以孝、弟、慈，以心，以仁让，以恕言之，吾心感应乎国之理也，是故事君使臣也、立教兴化也、事长慈幼也、使众临民也、正朝廷也、正百官也、正万民也，皆国之事理也。”这说明治国不能离开德的要求，礼法固然重要，但德更为基本，礼法应该建立在德的基础之上。在经济上，他重视农桑，强调民事的重要性，“事神者，敬天是也。治民者，农桑是也。……农桑之务，乃衣食之源，民事之最急者也。”

总之，甘泉思想中蕴含着丰富的宝藏，需要人们去挖掘、研究和传扬。广东省岭南心学研究会近年来主持并完成了国家古籍整理出版资助项目《湛若水全集》（约400万字）的点校，同时组织《心学大师湛若水丛书》课题，经广东省社科联积极向中共广东省委宣传部申报广东省“理论粤军”项目，课题获得批准。广州出版社对《心学大师湛若水丛书》的出版高度重视，列入重点项目出版计划，精心组织出版。我们在整理甘泉思想资料的基础上，推出这套丛书，目的是从不同维度去揭示其思想内涵，呈现其历史意蕴，发现其所潜含的现代价值。希望丛书能够对读者全方位地了解湛若水有所裨益。

广东省岭南心学研究会

2018年6月

目　录

引　言

心学，立其大者也，所谓“先立乎其大者，则其小者不能夺也”，是一种大智慧。

心学思潮的强势崛起和流行，是明代思想界最重大的事件。陈白沙（陈献章）和王阳明（王守仁）是明代心学代表人物。而这两位富有创造性的思想家，都和本书的主人公湛若水（湛甘泉）有亲密关系，前者是他的老师，后者是他的朋友和“战友”。

陈白沙在家中闭门静坐十年，悟出高唱“自得”的心学；王阳明因贵州“龙场之悟”发明“致良知”的心学。这两人的心学都直指人心，简洁明快，具有强力穿透性。

相比陈白沙和王阳明天才式的张扬性格，湛若水要平实内敛很多。在他身上，没有发生大彻大悟的神秘经验或体验，但他以符合自己性格的“随处体认天理”为其心学旗帜，一方面将陈白沙的江门心学发扬光大，使甘泉学派成为江门学派的衣钵传人，另一方面，和王阳明并肩战斗，使甘泉学派和阳明学派共同推进了中晚明心学思潮的流行。

湛若水的心学和陈白沙、王阳明的相比，更像一种学者的心学，是更接近大众生活、普通人皆可学可掌握的心学，堪称心学宝鉴。从三人生平来看，湛若水比二人都高寿；陈白沙是文人，生活方式是书斋式的，阳明子的官场成就以军功为主，但为官时间没有湛若水长，官场履历也没有湛若水丰富全面；最重要的，湛若水比二人更加重视经史和事上磨炼，留下的著作无论种类还是篇幅都远远高出二人。

明中叶，江门陈献章创建白沙（江门）心学，提倡自得之学，将天理收归人的本心，以人心的觉悟和自得为天理，而不以圣贤经传的是非为是非，苟不求之吾心，“六经一糟粕耳！”“千卷万卷书，全功归在我。吾心内自得，糟粕安用那？”。陈献章归经学为心学，认为重启六经之关键，就在于弃理学回归圣学，最后归本于心学，这对于明代学术文化主流由理学转向心学起了决定性的作用。他认定：“往古来今几圣贤，都从心上契心传。”他要人从外在的循理回归内在本心，在本心下工夫求自得，“此道苟能明，何必多读书？”，强调学子要善读书：“夫学贵乎自得也。自得之，然后博之以典籍，则典籍之言我之言也。”因此，陈白沙的“自得之学”不仅不重视经史的章句疏解，甚至连文字都不愿多写，喜欢以诗代文。

比白沙稍晚而与白沙弟子湛若水同时代的王阳明，被誉为心学集大成者。他的“致良知”说风靡天下，阳明心学成为晚明社会最主流的思潮。对于五经或六经，王阳明的观点和陈白沙并无差别。他明确主张经学即道学即心学。“六经者非他，吾心之常道也。”他还在《传习录》中早已提出类似“六经皆史”的命题：“以事言谓之史，以道言谓之经，事即道，道即事，《春秋》亦经，五经亦史。”“五经亦只是史，史以明善恶，示训诫。”在《稽山书院尊经阁记》提出“《春秋》也者，志吾心之诚伪邪正者也。”阳明弟子钱德洪回忆说，王阳明被贬官贵州龙场时，悟得“致良知”说后，曾“证诸五经”，觉得先儒的训释未尽人意，便为之重新疏解，经过一年半的努力，大略五经都遍，撰成《五经臆说》四十六卷。但此后王阳明觉得学问愈加精益，工夫宜愈加简易，以故不复示人。钱德洪曾经向阳明问起，不料阳明却笑答已付之一炬，并说只专心致良知即可，虽千万经典，乃至异端曲学，只要以致良知学去权衡，轻重对错优劣立见，更不必一字一句一章地去读书。可见，阳明主张大胆地以“吾心之良知”去“臆断”经义。阳明去世后，钱德洪偶于废稿中得《五经臆说》十三条，其中《春秋》有“元年春王正月”“郑伯克段于鄢”两条。而王阳明以心学释经学的立场显而易见。如解“元年春王正月”说：“故天下之元在于王，一国之元在于君，君之元在于心。”“故元年者，人君正心之始也”“改元年者，人君改过迁善，修身立德之始也；端本澄源，三纲五常之始也；立政治民，休戚安危之始也。呜呼！其可以不慎乎？”解“郑伯克段于鄢”说：书“克”，原郑伯之心平素视段为寇敌，至是而始克之也。《春秋》诛其意，书“郑伯克段于鄢”，辨似是之非，以正人心。

陈白沙、王阳明不重经史，也没有留下太多著作。因此，今天我们普通学者通过湛若水种类齐全的巨量著作来学习和掌握心学，也许是一个更加可靠的方法。湛若水主张“随处体认天理”。天理是什么？天理就是你我的初心、本心，也是古人的初心、本心。你我的初心、本心，不仅与我们身边的天地万物相通，也与古人相通，所以，天理在哪里？在你我的心中，在天地万物中，也在古人的心中，在古人留下来的经典著作中。那些格言、警句、典故、历史事件，随处都有天理，等着我们去体认，印证。本书好比心学宝鉴，读者若能耐心地阅读本书，领略完湛若水的以史为鉴思想（本书的“释读”部分大多精选自湛若水的释读，笔者适当加以补充），笔者相信，我们一定能体认到天理，我们的心学理论水平和心学修养功夫一定会随之有一个切实的提高。让我们开始跟着湛若水学心学，“随处体认天理”吧，是所望也。

第一章
读史明经　心学宝鉴

湛若水（1466—1560），号甘泉，人称甘泉子，明中期著名的思想家、教育家和政治家。儒家及其经学是汉唐以来在古代中国社会占支配地位的思想意识形态，读史明经是每个读书人问学修身的基本功，也是齐家、治国、平天下经世智慧的源泉。湛若水一生著作甚丰，虽然没有编写过专门的历史书，但他非常熟悉历史，重视以史为鉴。湛若水一生注重书院教育，建书院兴学，在众多的讲学活动中，在传播儒家经典和他的心学思想的同时，广泛涉及历史史实和智慧，以经史兼治为特色。他的以史为鉴的思想和主张集中在三本书里。第一本是《甘泉献纳编》，湛若水在嘉靖初年，向皇帝上了多篇以史为鉴的主题奏章，后由其学生编成此书。第二本是《圣学格物通》（简称《格物通》），是湛若水编写的一部融贯经学和史学的资治巨著，被呈献给年轻的嘉靖皇帝。第三本是《春秋正传》。湛若水在《五经馆记》中写道："五经之道，其致一也。""五经皆发于心者也。"五经即《诗》《书》《礼》《易》《春秋》，湛若水对五经中的《春秋》一经尤其重视。《春秋》原本就是一部史书，经儒家创始人孔子删定后成为最重要的儒家经典之一。汉代经学兴起，《春秋》被认为是"礼义之大宗"，具有正名分等微言大义，被后世奉为经学，其所载圣人之道、之事，成为儒家经世济国的政治哲学，也是古代中国人的涉世指南。湛若水是明代心学的代表人物之一，他的《春秋正传》以心学家的眼光阐发《春秋》极高明而道中庸的涉世智慧，以史为鉴，对我们今天批判继承传统文化，建设社会主义精神文明具有一定的借鉴意义。

一、书院教育与讲学：经史明心

湛若水二十七岁中举人，二十九岁拜在陈白沙门下，发明“随处体认天理”，得白沙先生嘉许，成为江门心学最重要传人。弘治十三年（1500年）白沙先生卒后，奉母命走上出仕之路。弘治十八年（1505年）四十岁时中进士，入选翰林院庶吉士，不久又授翰林院编修。结交王阳明，共倡心学，时称“王湛之学”。正德十年（1515年）五十岁时丁母忧，守墓三年。正德十二年（1517年）入西樵山，上《乞养病疏》称：“谢绝人事，采药西樵，养其身疾以有为，养其心疾以有成。”建大科书院，自此开始其书院教育与讲学活动，直至去世。讲学语录有《樵语》《新论》《知新后语》等结集。嘉靖元年（1522年）五十七岁时回京复职，补翰林院编修，次年转翰林院侍读。嘉靖三年（1524年）任南京国子监祭酒，讲学语录有《雍语》《二业合一训》等结集。嘉靖七年（1528年）升南京吏部右侍郎，讲学语录有《新泉问辩录》《金陵问答》等结集。嘉靖八年（1529年）转礼部右侍郎，后又转礼部左侍郎，有《问疑录》《金台答问》结集。嘉靖十二年（1533年）六十八岁时任南京礼部尚书，有《新泉问辩续录》结集。嘉靖十五年（1536年）七十一岁时转南京吏部尚书。嘉靖十八年（1539年）七十四岁时转南京兵部尚书，奉敕参赞机务。嘉靖十九年（1540年）七十五岁致仕后，讲学语录有《天关语通录》《约言》《问疑续录》等结集。嘉靖三十九年（1560年）病逝，享年九十五岁。

湛若水官历两京，所至迭创建书院，著书、讲学不息，致仕回粤后更专心讲学。他在书院教育与讲学活动中，贯彻讲明心性之学宗旨，以读经明史为其讲学核心内容。

二、《甘泉献纳编》：上疏讲明心学

嘉靖十三年甲午（1534年），湛若水六十九岁时，门人史际（恭甫）编刻，门人惠阳叶春芳为之序，称："《献纳编》者，吾师甘泉先生之献纳于圣明者也。集而刻之者，门人史恭甫氏之欲以昭圣德也。夫古人疏无留稿，而兹刻焉，何也？盖古者，君违之而臣正之，臣陈之而君不听之，惧彰其君之失，是故秘而弗传也。兹先生忠献焉，圣天子嘉纳焉，宛然唐虞都俞之风也。是故刻之也，昭一时君臣相感之盛也。矧（shěn）是编也，戒游逸之疏，特有先事之防焉；申明学规之疏，有育才致贤之懿焉；圣学、圣治、天德王道之疏，极郅（zhì）治之本焉；讲章、小学之疏，有稽古正学之迪焉；一心济治、敬天亲贤、君臣同游之疏，有协恭上下之义焉；白鹊、瑞鹿、演雅之疏，有休征之规焉。是故其言式而确，剀（kǎi）而婉，质而衷，要而易，从正而不诬。众皆曰'众善具焉，可以训矣'，亦非特史子之意也。"

《新泉问辩续录》（资政堂版）也有相关记录。王顺渠问《甘泉献纳编》："师意盖欲以此晓天下之人，使知吾道之在今日，其行否何如，吾身之在今日，其进退当何如。开示后学已大明白或者不知，乃以近名疑之。"湛若水答："其谓近名，固不足辩，只可以自反自警策耳。吾道之行否，吾身之进退，吾自知自信，中立不倚，何与于人？何必以此晓人？盖此编乃门下史进士刻之，然可以告君父者，无不可以告朋友，告人人。盖此编论道也，非论事也。古人不存奏稿者，论事之言恐彰君父之过。若此编皆论道之言，又累蒙圣明嘉纳，固无嫌可避，且足以彰君之美也。近日有叶生春芳作跋语，殆识此。若夫疑者自疑，信者自信，吾又何与焉！"

《甘泉献纳编》分上卷八道，中卷十一道，下卷七道，共二十六道疏，时间跨度为嘉靖元年至十二年。集中体现了湛若水上书皇帝以史为鉴、心学为本的思想。

三、《圣学格物通》：心学资治

嘉靖四年（1525年），湛若水六十岁，时任南京国子监祭酒。值嘉靖皇帝锐意为治，诏令文丞于历代史鉴和经书中撮其有关帝王德政之要者，直解以进御览。湛若水七月四日通过邸报获悉，开始采五经、诸子史及明朝圣祖圣宗格言大训中有关君道者，取《大学》诚、正、修、齐、治、平总在格物之意，“辑事以从其类，取义以畅其情，因事以明其理，会理而感诸心”，经四年疏解汇释乃成《圣学格物通》。嘉靖七年六月，湛若水六十三岁时升南京吏部右侍郎甫始，进呈所撰《圣学格物通》一百卷共二十八册，期望该书有益于嘉靖皇帝“远宗圣哲之谟，近法祖德之懿，会万理于一心，由成德而致治”。其《谢恩进书疏》云：“卷分门类，注有篇题。事皆取诸大训格言，义则附以浅见薄识。采自往古，以及昭代。庶可祖述，而又宪章。”其《进圣学格物通表》云：“臣闻帝王之治本乎道，而道德之懿存乎心。心无事而不包，事无一而非道。惟心有所蔽则道不见，如鉴有尘则明弗昭。故圣帝明王必先务学，而修德讲学皆以治心，将达诸事业而成其治化焉。如磨彼鉴，以大其光照也。”“是知万变万化只在一德一心。”“夫群籍所载，皆务此本，而曾子之传，尤得其宗。故大学之书，全功在乎格物，而格物之要，其道本乎知行。知、止、定、静、安、虑相承，即其功夫；意、心、身、家、国、天下贯穿，乃其实地。必纲举而目斯张，惟领挈而裔乃理。虽心有良知，不假外求；然学于古训，乃可有获。六经诸子，皆所以明心，而千圣万贤，必归乎穷理。总是同条同贯，那堪二本三本？”嘉靖皇帝圣旨：“这所编集，足见用心。朕已留览。”

嘉靖十一年（1532年），《圣学格物通》一百卷刊刻于福建。嘉靖七年六月初一日湛若水在《圣学格物通大序》中表示，《圣学格物通》旨在明格物为圣学之本，而所谓通，有四类，即总括义、疏解义、贯穿义和感悟义：

> 夫圣人之道莫备于大学。《大学》曰：“欲明明德于天下者，先治其国；欲治其国者，先齐其家；欲齐其家者，先修其身；欲修其身者，先正其心；欲正其心者，先诚其意；欲诚其意者，先致其知；致知在格物。物格而后知至，知至而后意诚，意诚而后心正。心正而后身修，身修而后家齐，家齐后国治，国治而后天下平。”夫自天下逆推本于格物，是格物乃其本始用功之要也。又自物格顺循其效于天下，是格物乃其本始致效之原也。经曰：“物有本末，事有终始。”物格者其本始之谓乎！宋臣彭龟年曰：“《大学》之书，其节虽繁而道甚要，格致而已。”张栻答曰：“自诚正以至治平，固无非格致事也。”伏睹我太

祖高皇帝谕侍臣曰："《大学》一书，其要在修身。"而《大学》古本以修身释格致，曰："此谓知本，此谓知之至也。"经文两推天下国家身心意，皆归其要于格物，则圣祖盖深契夫古本大学之要矣乎！由是言之，圣人之学通在于格物矣。故曰："有总括之义焉。"

凡意之事，则诚意之类举之矣。凡心之事，则正心之类举之矣。凡身之事，则修身之类举之矣。凡家之事，则齐家之类举之矣。凡国之事，则治国之类举之矣。凡天下之事，则平天下之类举之矣。辑事以从其类，取义以畅其情，故曰："有疏解之义焉。"

列诚意，所以示人于意焉格之也。列正心，所以示人于心焉格之也。列修身，所以示人于身焉格之也。列齐家，所以示人于家焉格之也。列治国，所以示人于国焉格之也。列平天下，所以示人于天下焉格之也。意心身之于家国天下之事，非二也，一以贯之也。故《大学》于诚意，曰"好恶"，曰"慎独"；于正心，曰"忿懥（zhì）"，曰"忧患"，曰"恐惧"，曰"好乐"；于修齐，曰"辟"，曰"好恶"；于齐治，曰"孝弟慈"，曰"心诚求"，曰"恕"；于治平，曰"絜矩"，曰"辟"，曰"好恶"，曰"忠信"，曰"仁义"，皆以其心言之也。而通之于各条，因事以明其理，因理而会诸心，通一无二，故曰："有贯穿之义焉。"

是故君子之学，读诚意之事，则感其意之理；读正心之事，则感其心之理；读修身之事，则感其身之理；读齐家之事，则感其家之理；读治国之事，则感其国之理；读平天下之事，则感其天下之理。理也者，吾之良知也；学之者，所以觉其良知也，知也，存之又存，存存而不息，由一念以达诸万事，皆行也，故曰："有感悟之义焉。"

因此，湛若水相信："是故读斯《通》者，意、心、身、家、国、天下之理皆备于我矣。故君得之以成其仁，臣得之以成其敬，学士得之以成其德，家国天下之民得之以会极而归极，是故圣人之学，无余蕴矣。"他自信《圣学格物通》"有随事体认之实，合孔门求仁一贯之指"，有助于读者"明进德修业合一之要领，且明经文直以格物为诸条之统会枢纽也"。

四、《春秋正传》：心学家的经史

《春秋》原是一部鲁国大事记式的编年史书。在中国古代，很早就设有史官将国君的言行（不论其正确与否）和国家大事记录下来，形成史书流传后代。同时，别国的大事，特别是告知、通报本国的，也要记载。在我们今天称为“春秋”的历史时期里，周王室衰落，列国并峙，其中最重要的有齐、鲁、晋、秦、楚、宋、卫、郑、陈、蔡、吴、越等十二个诸侯国，不少国家如齐、鲁、宋似乎都有称为“春秋”的史书，可惜被保存到今天的，只有鲁国的《春秋》。当然，也有些国家的史书不叫《春秋》。如《孟子·离娄下》认为：“晋之《乘》，楚之《梼杌》，鲁之《春秋》，一也。其事则齐桓、晋文，其文则史。孔子曰：其义则丘窃取之矣。”根据《孟子》的讲法，晋国的《乘》、楚国的《梼杌》，和鲁国《春秋》一样，所记载的都是关于齐桓公、晋文公这些诸侯争霸的事，而这些文字就形成了历史典籍。孔丘看重这部史籍，原因是看重其“义（理）”。

鲁《春秋》被保存下来，是儒家创始人孔子的功劳。孔子是鲁国人，有感于春秋时期的礼崩乐坏，创立了以“仁（义）”为宗旨、以“礼”为行为准则的一套儒家学说，试图复兴周朝的礼乐文明，其中，“礼”意味着秩序，“乐”意味着和谐。他曾经周游列国十四年，劝说各国君主行仁守礼，但都不成功，晚年定居鲁国，收徒讲学，同时又删定鲁《春秋》。也就是说，我们今天所见到的《春秋》，其文本经过了孔子的删定或笔削，被赋予了义理，原本是鲁国的历史书，在后世成为儒家的经书，成为政治、道德的“明鉴”。

《春秋》共记载了鲁隐公元年（前722年）至鲁哀公十四年（前481年）间共二百四十二年的史事，其内容包括了立君、战争、盟会等内政外交军国大事，以及统治者的生卒、婚姻、祭祀、兴造等事，也有一些日食、水旱等灾异记录。孔子借这样一部政治史来阐发儒家政治哲学，为后世统治者提供资治通鉴，这似乎很说得通。不过，奇怪的是，孔子的学生们包括他们汇编的夫子言论集——《论语》中，都没有提到《春秋》。孔子去世后一百多年，被儒家称为亚圣（仅次于孔子的圣人）的孟子首次声称："世衰道微，邪说暴行有作，臣弑其君者有之，子弑其父者有之。孔子惧，作《春秋》。《春秋》，天子之事也；是故孔子曰：'知我者其惟《春秋》乎！罪我者其惟《春秋》乎！'"（《孟子·滕文公下》）在孟子看来，孔子时代，臣弑君，子弑父，乱臣贼子横行无忌。汉代历史学家司马迁在《太史公自序》中曾指出："夫不通礼义之旨，至于君不君，臣不臣，父不父，子不子。夫君不君则犯，臣不臣则诛，父不父则无道，子不子则不孝。此四行者，天下之大过也。"君臣父子之道是"礼义之大宗"，孔子害怕君臣父子的名分被破坏，会导致社会秩序混乱乃至分崩离析的严重后果，而恢复君臣父子应有的地位就是正名分，因此孔子试图通过"作"（删定）《春秋》来挽救世风，维护传统礼制。孔子作《春秋》的功绩被孟子称颂为堪比大禹治水、周公安夷狄："昔者禹抑洪水而天下平，周公兼夷狄，驱猛兽而百姓宁，孔子成《春秋》，而乱臣贼子惧。"（《孟子·滕文公下》）本来，训斥、惩戒乱臣贼子是天子的职责和权力，孔子一介书生却要通过作《春秋》为天下"正名"以正纲纪，自知难免遭人议论，因此说"知我""罪我"都在《春秋》一书。孟子又说："王者之迹息而《诗》亡，《诗》亡然后《春秋》作。"（《孟子·离娄下》）《诗》指《诗经》。所谓王者之迹就是王道。汉代刘安《淮南子》的说法："王道缺而《诗》作，周室废，礼义坏而《春秋》作。《诗》《春秋》，学之美者也，皆衰世之造也。"指出了《诗经》《春秋》均是在王道沉沦、周天子权威丧失、各诸侯国不遵礼义的衰世里应运而生的救世之作。

《春秋》和《诗》《书》《礼》《乐》《易》等共六部先秦文献经典被后世儒家奉为六经，由于《乐》经失传，又有五经之说。研究这五部经典的学问被称为经学。秦始皇奉行法家思想，焚书坑儒。汉初统治者提倡黄老道家学说，至汉武帝听取大儒董仲舒意见，"罢黜百家，独尊儒术"，设五经博士，传授儒家经学。从此，圣人和经学（经典）成为汉唐至民国初年古代中国社会占支配地位的思想意识形态和思想权威，并且，自隋朝开始实行科举取士以来，经学便是学校教育和官吏选拔的重要内容，通经致用成为读书人的头等大事。董仲舒《春秋繁露》称赞六经："《诗》《书》序其志，

《礼》《乐》纯其美，《易》《春秋》明其知。六学皆大，而各有所长。”又说：“《春秋》正是非，故长于治人。”司马迁的《太史公自序》也说：“《礼》以节人，《乐》以发和，《书》以道事，《诗》以达意，《易》以道化，《春秋》以道义。拨乱世反之正，莫近于《春秋》。”董仲舒、司马迁在此都强调了《春秋》经是治世安邦的经典，而司马迁下面一段话更是对《春秋》的重要性强调到无以复加的地步：“有国者不可以不知《春秋》，前有谗而弗见，后有贼而不知。为人臣者不可以不知《春秋》，守经事而不知其宜，遭变事而不知其权。为人君父而不通于《春秋》之义者，必蒙首恶之名。为人臣子而不通于《春秋》之义者，必陷篡弑之诛、死罪之名。”

作为经学的《春秋》，有经有传，即既有经文又有传文，没有传，经不成其为经。《春秋》的经文，年下有若干条，每条少则几个字，至多也就二三十个字，全经一万六千五百一十二字，单从字面很难看出所记事情的来龙去脉，更难看出其中蕴含的意义。所谓传，是对经加以解说、发挥的文字。《春秋》流传至今的传有三种：《左传》《公羊传》和《穀梁传》。没有《春秋》三传，《春秋》就不成其为经。

三传之外，还出现了许许多多的《春秋》传，其中有重章句注疏的，有重义理发挥的。唐代大儒韩愈之后，经学出现“明道”思潮，并在宋明时期最终形成理学（广义的理学包含了心学）化的经学形态。宋代程朱理学兴起，义理经学取代汉唐的训诂或注疏经学成为主流。程颐主张“先识义理，方始看得经”。晚年著有《春秋传》，但只写了二卷（时间跨度为二十年）的传就去世了。程传努力把《春秋》学纳入理学范围，以义理说经，对胡安国著《春秋传》影响很大。朱子主张三传各有其长短：“《左氏》是史学，《公》《穀》是经学。史学者，记的事却详，于道理上便差；经学者，于义理上有功，然记事多误。”他反对深求义理，强调以史看待《春秋》，故看重《左传》：“看《春秋》，且须看得一部《左传》首尾意思通贯，方能略见圣人笔削与当时事之大意。”不过，朱子并无《春秋》专书。宋儒重四书，即《大学》《中庸》《论语》《孟子》，和汉儒重五经有很大区别。宋以来以“四书”解五经包括解《春秋》的思潮，形成理学派《春秋》，其中胡安国的《春秋传》影响最大。胡传成书于南宋时期，在元明两代影响深远，有《春秋》“第四传”之名。胡安国私淑程颐，反对以史看待《春秋》，认为《春秋》有大义、微言，并把《春秋》说成“史外传心要典”。胡安国力图以天理与人欲的矛盾来解说《春秋》经义，认为孔子“假鲁史以寓王法，拨乱世反之正”，故《春秋》传心即传孔子之心或夫子之志——这样的表述带有鲜明的时代特征。他把《春秋》之所褒、所与、所善，都说成是天理之所存；而把《春秋》之所贬、所不与、所恶，都说成是本当抑绝的人欲。胡安国把《春秋》纳入了理学体系，其《春秋》学是理学化的《春秋》学，以致后人批评说：“此宋之《春秋》，非鲁之《春秋》。”胡安国在《春秋传自序》中揭示《春秋》经世大法和圣人之志是：“尊君父，讨乱贼，辟邪说，正人心，用夏变夷。”对此，湛若水是充分肯定并加以继承的，至于其深求义理、穿凿附会的弊端，湛若水则明确反对。

在《春秋》学史上，心学的崛起是对理学的突破。和朱熹同时的陆九渊被认为是宋明心学的早期代表。他曾读古书至宇宙二字，忽然省悟出“宇宙便是吾心，吾心即是宇宙”。陆九渊有句名言，当别人问他何不著书时，他回答：“六经注我，我注六经。”他提出六经乃圣人“写心之书”，故发明本心最为吃紧：“学问之要，得其本心而已”，“学苟知本，六经皆我注脚”。和程朱理学强调的天理不同，本心不仅是个体的而且是内在的、天赋的，“义理之在人心，实天之所与”，“心之体甚大，若能尽我之心，便与天同”。因而陆九渊重自觉、自得。他没有系统的《春秋》学著作，仅有《春秋讲义》一卷共二十四条。至明初，大儒宋濂著有《六经论》，宣称“六经皆心学”。人无二心，六经无二理。因心有是理，故经有是言。六经无非是写出吾心所具之理。在宋濂看来，六经中的《春秋》是说理说得最好的，而理产生于人心能分善恶。宋濂之后，明代心学出现了两个重量级的领军人物，那就是陈白沙和王阳明，但他们都没有专门的《春秋》类著作，而从学派归属上看，二人显然都站在陆九渊“六经皆我注脚”的心学立场上。

湛若水是陈白沙最有影响的弟子，也是明代心学的代表人物之一，他的《春秋正传》以心学家的眼光阐发《春秋》的涉世智慧。对于《春秋正传》的主旨，湛若水自序云：“夫正传云者，正诸传之谬而归之正也。”湛若水在《春秋正传》中集中批驳先儒的义例说，他认为《左》《公》《穀》三传、百家以及胡安国传，多相沿袭于义例之蔽，而不知义例并非圣人所立。《春秋》是鲁史之文、列国之报。后世之言《春秋》者，谓字字而笔（书）之，字字而削之，谓圣人拘拘焉某字褒，某字贬，非圣人之心也。《春秋》者，圣人之心、天之道也。湛若水从心本论的心学家立场出发，将圣人之心、夫子之志与天之道等同视之，推崇《孟子》和《左传》。认为："得天之道而契圣人之心者，莫如孟子。故后之知《春秋》者，亦莫如孟子。"又说："圣人之心存乎义，圣心之义存乎事，《春秋》之事存乎传"，"后之学者欲治《春秋》，明王道，正人心，遏谗邪，禁乱贼，以溯大道之源，必于纪事之传焉核实而订正之可也"。如此，湛若水撰写《春秋正传》的主要工作就落实到核实和订正纪事之传："去其穿凿而反诸浑沦，芟其繁芜以不汩其本根，不泥夫经之旧文而一证诸传之实事，圣人窃取之心，似若洞然复明，如披云雾而睹青天也。"那么，《春秋》作为经学，所承载的圣人之教、孔子"窃取"之义在哪里呢？湛若水归之于圣人之心："夫其文则史，经之谓也。其事则齐桓晋文，传之谓也。合文与事，而义存乎其中矣，窃取之谓也。义取于圣人之心。"湛若水提出："是故治《春秋》者，不必泥之于经，而考之于事；不必凿之于事，而求之于心。大其心以观之，事得而后圣人之心、《春秋》之义可得矣。"也就是说：欲明经学之义，有赖传之事实（史学），而事之实否应求（决）之于心（心学）。这是将经学奠基于史学而又决之于心学的立场。湛若水的学生高简指出："甘泉先生忧圣人之心之弗明也，乃即其书法而表章之。一本诸《孟子》，正诸传之误，兼采其长。……盖先生以其洒然平易之心而契之，故圣人取义之志跃如于前而不可掩。"

《四库全书总目提要》也说："此书大旨，以《春秋》本鲁史之文，不可强立义例，以己见臆说汩之，惟当考之于事，求之于心，事得而后圣人之心、《春秋》之义皆可得。因取诸家之说厘正之。其曰正传者，谓正诸传之谬而归诸正也。其体例大略先引三传，次列诸儒之言，而以己意为之折衷。"湛若水并不否认《春秋》有圣人微言大义，只是以心学立场重新调整了经史观，经与史（传）、义和事是有机联系的。他在《春秋正传》自序中提出："故观经以知圣人之取义，观传以知圣人所以取义之指，夫然后圣人之心可得也。"只要不受诸儒义例说的束缚，读者但以平常心去读《春秋》，自然就能与圣人作《春秋》的心意相通，而《春秋》大义大法乃至天道也就会朗然呈现。这其实就是湛若水提倡的“随处体认天理”的修养功夫：“圣学功夫，至切至要、至简至易处，总而言之，不过只是随处体认天理。”

嘉靖十一年，湛若水六十七岁时撰成《春秋正传》三十七卷。《春秋正传》初刻于嘉靖十三年，据湛氏门人高简序，该书由高简、沈汝渊校，卞莱捐资刊行。收入乾隆《钦定四库全书》，见经部五春秋类，有乾隆四十三年（1778年）四库馆臣校刊记。四库本相比嘉靖初刻本，附有《春秋修后鲁史旧文》以及甲午四月十一日《答门人高简春秋正传辩疑》二种。除上述内容多出外，相比嘉靖初刻本，四库本部分文字有改易。后来又有族中人重刊，包括乾隆乙卯（1795年）红荔山房本，同治丙寅（1866年）资政堂本（有脱漏情况，字迹也模糊）。

第二章
诚意正心　谨初慎微

一、初心·慎微

◎孟子曰："人之所不学而能者，其良能也。所不虑而知者，其良知也。孩提之童，无不知爱其亲；及其长也，无不知敬其兄也。亲亲，仁也；敬长，义也。无他，达之天下也。"

释读：此《孟子·尽心上》语。孟子认为人皆有良知、良能，如亲亲敬长，加以扩充，便成仁义。湛若水在《韶州明经馆讲章》中指出，这章书是孟子直指人之良心真切处，欲人扩充之以成其德的说话。此一章血脉都在这良字与达字，指出人人这一点初心、真心，欲人就这一点心扩充之。孟子说学皆是如此，不但此一章为然。昔者吾友阳明先生论学，亦只以此良知作一个题目。若不知孟子本意全在达字上，便以常知常觉、灵灵明明为良知，不待学与虑，不消得读书学问，路上三尺童子皆能之，岂不误了！故吾常推与阳明一体相关之义，每每与说破，则阳明之说便好了。此章言天下之事皆待学而能，待虑而知，惟有一个不学而能、不虑而知者，乃为良知、良能。何以谓之良？乃天然自有之知能，不用丝毫人力，皆出于天者也。其待学而知、待虑而能者，由于人者也。何以谓之良知、良能？只看他孩提之童与其长，无不知有爱亲敬兄者，便是其良知、良能处。这个爱亲敬兄之良心似小，而系于仁义之盛德甚大，盖仁本于爱，爱莫先于爱亲，故亲亲即仁也；义本于敬，敬莫先于敬长，故敬长即义也。夫以其爱敬之一念，而便可以为仁义之大德，何耶？又不是现成的，又不是人人能如此的，虽童子亦有时打骂他父母者，及有时紾（zhěn）兄之臂而夺之食者，甚至又有爱己之亲而杀人之亲、敬己之兄而杀人之兄者，如此看来，爱亲敬兄良知良能岂便为仁义？亦在乎达之天下而已矣。必学问思辨以开其知，笃行以恒其知，知行并进，涵养以扩充之。由一念良知、良能之爱敬，以达于无所不爱敬。爱其亲以及人之亲，而天下无不爱之亲，则念念皆仁，仁之量可充满，而仁覆乎天下矣。敬其兄以及人之兄，而天下无不敬之兄，则念念皆义，义之量可充满，而义覆乎天下矣。此则爱敬之极功，仁义之全体，而穷理尽性之事皆达之之功也。不能达之，则爱敬之体微，仁义之机窒，其为不仁不义者多矣，又安得为良知、良能？古之人以天下无性外之物，故老老、长长、幼幼，与及人之老、及人之长、及人之幼，皆作己性分内事。故良知、良能必达之天下而后为仁义也。夫人之初生，莫不有一念之良知、良能，达之则为仁为义，不能达之则为不仁不义。不仁不义则不可以为人，不可以为子。不可以为人子，则入于禽兽之归矣，甚为可惧可哀！

◎孟子曰：人皆有不忍人之心。先王有不忍人之心，斯有不忍人之政矣。以不忍人之心行不忍人之政，治天下可运之掌上。所以谓人皆有不忍人之心者，今人乍见孺子将入于井，皆有怵惕恻隐之心，非所以内交于孺子之父母也，非所以要誉于乡党朋友也，非恶其声而然也。由是观之，无恻隐之心，非人也；无羞恶之心，非人也；无辞让之心，非人也；无是非之心，非人也。恻隐之心，仁之端也；羞恶之心，义之端也；辞让之心，礼之端也；是非之心，智之端也。人之有是四端也，犹其有四体也。有是四端，而自谓不能者，自贼者也；谓其君不能者，贼其君者也。凡有四端于我者，知皆扩而充之矣，若火之始然，泉之始达，苟能充之，足以保四海，苟不充之，不足以事父母。

释读：这段话见《孟子·公孙丑上》，其中提出著名的“四端说”。湛若水在《格物通》指出，孟子直指本心，体用全具，可谓深切而著明矣。不忍人之心，即心之生理所谓仁也，恻隐、羞恶、辞让、是非之心即所谓四端。四端之发随感而异见，非谓有四心也。夫惟圣人有是心则有是政者，所谓体用一原也。君子能知是心而扩充之，复其本心也。众人不能，则此心虽发，将随发随泯，自暴自弃者也。虽然，充之则足以保四海，不充之不足以事父母。故人君苟不失其本心之正，斯不失天下之心，而天下国家可保也。

◎相在尔室，尚不愧于屋漏。

释读：语见《诗经·大雅·抑》。《格物通》指出，此卫武公修德告群臣规诫之诗也。相，犹《书》言顾諟之义。尚，犹也。屋漏，室西北隅幽暗之地也。夫视存则心存，心存则理存，理存则不愧矣，此天理存亡之几也。故视之准则即本心也，心之中正即天理也。天理者，无动静，无隐显，一而已矣。君子知其几，察见天理，常目在是，造次、颠沛而必于是，在庭在室，无不在是，无少间断。以操存此理于一室之中，虽暗室几微之际，而无乎不在，则与天地相似矣，何愧之有？所谓仰不愧于天者是已。屋漏犹且不愧，况大庭应接之时乎？盛德大业由是而生矣。此千圣心法之要。

◎若虞机张，往省括于度，则释，钦厥止，率乃祖攸行。

释读：出自《尚书·商书·太甲》。《格物通》指出，此伊尹告太甲以应几处事之要也。虞，谓虞人，掌山泽田猎之官。机者，弩牙也；括者，矢括也；度者，法度；射者，所准望者也。释，舍矢也。钦，敬也。止者，心之本体，义理之所止也。率者，循也。乃祖，谓成汤也。伊尹告太甲以如虞人之射弩，机既张，必往察其矢括之所准望者，合于法度，然后发之，否则不轻发也。人君处事，必度其事之合于吾心之正，然后从而举之，否则不轻举也。然万事皆起于念虑之微，善善恶恶皆有定理，所谓止也。敬乎吾心之所止，必戒慎恐惧，使念虑之发不失其本体，故能廓然大公，物来顺应，一循乃祖成汤之成法精意，可以历久远而无弊。故不钦乃止，则不能率祖之攸行。人君可不以法祖为用、以钦止为本乎？

◎呜呼！若生子，罔不在厥初生，自贻哲命。今天其命哲、命吉凶、命历年。知今我初服。

释读：出自《尚书·周书·召诰》。《格物通》指出，此召公告成王初政之言也。呜呼，叹词。初服，行事之始也。召公叹息言：王之初服如人之生子，然无不在于初生之时。初习为善则善矣，习于善，则自贻其哲命也。今天其命王以哲乎？命以吉凶乎？命以历年乎？皆不可知。所可知者，今我初行政事如何尔。初服而敬德，则亦自贻哲命，而吉与历年矣。夫天下之事莫不在于初。故经曰："慎厥初，惟其终。"是则初事者，智愚治乱之几也；初心者，善恶邪正之几也。吉凶长短于此焉判。为人君欲图治拨乱者，在于初事。欲慎初事者，在于初心。孟子曰："今人乍见孺子入井，有怵惕恻隐之心。"乍见之心，初心也。初心善则事无不善，事无不善则吉与历年；反是则凶、短、折至矣。可不慎其几乎！

◎史苏曰："伐木不自其本必复生，塞水不自其源必复流，灭祸不自其基必复乱。"

释读：语见《国语·晋语》。《格物通》指出，史苏，晋大夫，占卜之史也。基，根本也。夫天下之事皆起于几微，君子不可不早见其几也。献公伐骊戎，灭其子而宠其姬，起百姓以自封，祸将长矣。史苏伐木塞水之喻，可谓先见其几矣。人君明于先见之几，而绝其未萌之祸，则国家岂至于危乱也哉？

◎郭偃曰："夫人美于中，必播于外，而越于民，民实戴之；恶亦如之。故行不可不慎也，必或知之。"

释读：语见《国语·晋语》。郭偃，晋国大夫。《格物通》指出，有美善于中心，必播布于外，扬越于民，下民必或知其善否矣。夫诚中形外，一善一恶自有不可掩者。惠公出共世子而改葬之，臭达于外，安能掩其恶于天下后世哉？为人君者，岂可不谨于善恶之几乎？

◎晋文公问于郭偃曰："始也，吾以国为易，今也难。"对曰："君以为易，其难也将至矣；君以为难，其易也将至矣。"

释读：语见《国语·晋语》。文公名重耳，春秋五霸之一。《格物通》

指出，以为易，则轻忽之心生，故其难将至。以为难，则兢业之心生，故其易将至。难易之势系乎敬怠之间，为人君者可以知安危之几矣！

◎唐太宗贞观六年（632年）。上谓侍臣曰："朕比来决事，或不能皆如律令，公辈以为事小，不复执奏。夫事无不由小而致大，此乃危亡之端也。昔关龙逢忠谏而死，朕每痛之。炀帝骄暴而亡，公辈所亲见也。公辈常宜为朕思炀帝之亡，朕常为公辈念关龙逢之死，何患君臣不相保乎！"

释读：《格物通》指出，太宗之言，其知几乎！《易》曰："几者，动之微，吉凶之先见者也。"（《周易·系辞下》）古之善治者，图难于其易，为大于其细。极而至于危亡，不可救也。故炀帝之亡，几之兆于身也。龙逢之死，几之兆于君也。君不自知而灭其身，臣不及防君之微而死于忠谏，无补也。宜太宗以此自警，而警其臣，可谓至矣！虽然，几之动于事者，臣得而谏止之也；几之萌于一念者，非臣之知也，君能自察尔。人君可不谨欤！

◎唐太宗贞观十二年（638年）。上问侍臣曰："创业与守成孰难？"房玄龄曰："草昧之初，与群雄并起角力，而后臣之，创业难矣。"魏徵曰："自古帝王，莫不得之于艰难，失之于安逸，守成难矣。"上曰："玄龄与吾共取天下，出百死得一生，故知创业之难。徵与吾共安天下，常恐骄奢生于富贵，祸乱生于所忽，故知守成之难。然创业之难既已往矣，守成之难方当与诸公慎之。"

释读：《格物通》指出，创业实难，守成不易，二者一道也。故人主常念创业之难，则思守成之道矣，二者并行而不悖，可也。《书》曰："慎厥终，惟其始。"

◎陆贽奏议曰："上以造塔役费微小，非宰臣所论之事，下臣愚戆，窃谓不然。当论理之是非，岂论事之大小。若造塔为是，役虽大，而作之何伤？若造塔为非，费虽小，而言者何罪？夫小者大之渐，微者著之萌，故君子慎初，圣人存戒，知几者所贵乎不远而复，制理者必在于未乱之前。本立辅臣，置之左右，朝夕纳诲，意在防微而弼之，乃其职也。涓涓不遏，终变桑田。焰焰靡除，即燎原野。流煽已甚，祸灾已成，虽欲救之，固无及矣。《书》曰：‘不矜细行，终累大德。’《易》曰：‘小人以小善为无益而不为也，以小恶为无伤而不去也，故恶积而不可掩，罪大而不可解。’然则小之不可不慎也。如此，陛下安得使之勿论乎？《虞书》咎繇之言曰：‘兢兢业业，一日二日万几。’兢兢，慎也。业业，危也。几者，动之微也。唐虞之际，主圣臣贤，庶绩咸熙，万邦已协，而犹上下相戒，既慎且危，虑事之微，日至万数，然则微之不可不重也。如此，陛下又安可忽而勿念乎？”

释读：陆贽，德宗时，先召为翰林学士，后拜中书侍郎同平章事（办理宰相之事）。姜公辅为中书门下侍郎，同平章事。唐德宗长女唐安公主得病夭亡，帝命厚葬公主，姜公辅力谏。《格物通》指出，德宗以造塔为微小，而责姜公辅以过言，可谓昧于几事者矣。夫人主当以虚心而察天下之几，几不在大而在小，不在显而在微。微小之不谨，则将显大而不可遏。且不忍其区区公主之小爱，以至为之造塔，一念既萌，一令既出，靡费万金，剥虐万姓，得罪万方，贻讥万世，岂微小云乎？甚矣，德宗之不智也！

二、立志·守志

◎功崇惟志，业广惟勤。惟克果断，乃罔后艰。

释读：出自《尚书·周书·周官》。《格物通》指出，此成王申诫卿士果于立志以广功业之言也。事之所成为功，心之所存为志。志于王者则王矣，志于道德者则道德矣，志于圣贤者则圣贤矣。夫志，气之帅也，志之所至，气必至焉，岂有志于是而事之所成有不至于是者邪？故言：功崇者在于志也，业广者在于勤也。若能果断，则无后艰之患矣。宋儒程颢曰：“义理不先定，则多听而易惑。志意不先定，则守善而或移。”其示人立志之说尤深切矣。故果断则志立，志立则勤，勤则功崇业广，而可以裕后于无穷矣，何后艰之有哉？后之圣君贤相，欲图悠久之治者，必先自立志始。

◎子曰："三军可夺帅也，匹夫不可夺志也。"

释读：语出《论语·子罕》。《格物通》指出，志者，心之所主也。三军之勇，其帅可夺者，以其机非在已者。匹夫虽微，其志不可夺者，以其机非在人者。一成于志，天地不能夺，而况于人乎？使其可夺，则不可谓之志矣。然其所志，必如所谓志于学、志于道、志于仁，斯有实体，乃能坚定。确乎其不可拔，若无所见而徒执守以为志，所志者何事邪？《春秋传》曰"吾志其目"（《左传·定公八年》），言有所主也，然则欲立其志者，又不可无见道之明、学问涵养之功。

◎子曰："吾十有五而志于学。"

释读：语出《论语·为政》。《格物通》指出，圣人自言其进德之序，而始之以此也。然以此而始，亦以此而终。夫学莫先于立志，而所志莫大乎道，志于学即志于道也。人之志道，如木之有根然，株干花实，皆与根一贯者也。三十而立，志之立也；四十不惑，志之不惑也；五十而知天命，穷知此志之蕴也；耳顺从心，则极其变化，而所志始毕矣。然则志也者，其圣学始终之要乎？故世之学者，未有不先定其志，能任重而道远者也。然而持志有要焉，忘则不及，助则过，皆非善学也。勿忘勿助，此孟子之所以善持其志，而为学者之所当从事欤！

◎子曰："志于道，据于德，依于仁，游于艺。"

释读：语出《论语·述而》。《格物通》指出，此章圣人言为学进修之序。道、德、仁、艺，四者名虽异而实则同，天理一而已矣。自其天理浑沦而言谓之道，志则心之所存惟在乎此而已矣。志而后有得，自其得天理而言谓之德，据则常守之不失。据而后有仁，自其纯于天理而言谓之仁，依则与之一而不违。自其天理之散殊而言谓之艺，游则涵养吾心之天理而已。要之，始终惟用力于天理耳。盖天理二字乃千圣千贤之大头脑，学者之学圣贤，舍此宜无用力者矣。

◎子谓子夏曰："女为君子儒，无为小人儒。"

释读：嘉靖乙未（1535年）六月十四日，湛若水的《九华山甘泉书院讲章》云：这是《论语》中圣人示人最痛切的说话。君子，大人之称。小人，细民之称。儒者，学士之称。此同一儒字，即分别君子小人之归。世间衣儒衣、冠儒冠、言儒言、行儒行，皆似是同一个儒者，岂知儒之中，又大有君子、小人之别乎！读之至此，不能不令人警惕。盖此立心之初，便是生死路头，便是内外歧径，便是君子小人之分，愈骛愈远，便如水火冰炭之相反，故术不可不辨其初。所谓术者非他也，乃心术也。所谓心术者非他也，乃一念之邪正也。方其立心正时，则便真切，真切则便由中出。由中出则言不必信，行不必果，惟义所在。此孟子所谓集义所生之学，所谓由仁义行之学，所谓大人之事。如此便为君子矣。何也？为君子儒，则其术不得不为君子也。方其立心邪时，则便作伪，作伪则便徇外，徇外则言必信，行必果，不惟义所在。此孟子所谓义袭而取之学，所谓行仁义之学，夫子他章所谓硁硁然小人之事。如此便为小人矣。何也？为小人儒，则其术不得不为小人也。世间人见这言行必信果之儒，谁不道他为君子之人？谁不道他为圣人之徒？虽此人亦岂不以君子圣人之徒自居而不疑也？然而卒为小人之归而不自知，人亦不知之者，其心术都已一齐坏了也。由是推之，世间学者同读圣人之书，同为君子之谈，同訾小人之非。然毕竟君子之儒，以圣人之训，入乎耳，感乎心，蕴之为德行，行之为事业者，皆集义所生，由仁义行之类也。若夫小人之儒，剽窃圣人之言，为记诵，为词章，以取科第，以干利禄者，皆义袭而取，行仁义之类也。一得志则扬扬于闾里，侈然以君子自安。若使此人一旦觉悟，岂不自哀自伤，自痛其身为小人之归乎？今夫常人闻人詈己为小人，其心岂无羞耻而不肯受之者？及其为小人之儒，为小人之归，乃恬而不觉不耻者，何也？其心术先为之惑，如醉如梦，终其身而不悟也。哀哉！昔在孔门弟子，惟德行之科，如颜、闵、曾、冉之徒为君子之儒，决不至为小人矣。至于文学、言语、政事之科而不本于德行者，如游、夏之伦，难保其不出入于君子小人之间。故夫子告之以此，实下顶门一针，打开生死路头，欲人猛省，早辨其学术也。尔诸生虽或聪明过人，恐未及游、夏。于为学立心之始，可不自决择，辨之于早，而察之于微乎？

◎汉光武建武五年（29年）。诏征处士太原周党、会稽严光等至京师。党入见，伏而不谒，自陈愿守所志。诏曰："自古明王圣主，必有不宾之士。伯夷、叔齐不食周粟，太原周党不受朕禄，亦各有志焉。"其赐帛四十匹，罢之。帝少与严光同游学，及即位，以物色访之，得于齐国，屡征乃至，拜谏议大夫。不肯受，去，耕钓于富春山中，以寿终于家。

释读：严光，字子陵，东汉著名隐士。《格物通》指出，周党愿守所志，所谓不降其志，志于隐逸者也。若子陵者，非志道之士耶？故子陵之不受谏议，非为高者也。其与鲁两生（汉初儒生）皆王佐才，如用之，礼乐其可兴乎？是故抱天民之志，不可以小成也，故逃名以多修；多修不可以诡俗同器也，故违时以独善；独善不可以忘世也，故应物以观兆；见兆不可以苟从也，故全身以遂志。

◎刘备诣诸葛亮，凡三往，乃见。因屏人曰："汉室倾颓，奸臣窃命，孤不度德量力，欲信大义于天下，而智术短浅，遂用猖獗，至于今日。然志犹未已，君谓计将安出？"亮曰："今曹操已拥百万之众，挟天子而令诸侯，此诚不可与争锋。孙权据有江东，已历三世，国险而民附，贤能为之用，此可与为援而不可图也。荆州北据汉、沔，利尽南海，东连吴会，西通巴蜀，此用武之国，而其主不能守，此殆天所以资将军也。益州险塞，沃野千里，天府之国，刘璋闇弱，张鲁在北，民殷国富，而不知存恤，智能之士思得明君。将军既帝室之胄，信义著于四海，若跨有荆益，保其岩阻，抚和戎越，结好孙权，内修政治，外观时变，则霸业可成，汉室可兴矣。"

释读：这是《三国志》里刘备三顾茅庐请诸葛亮出山，诸葛亮所作的《隆中对》。《格物通》指出，谋贵远不贵近，贵大不贵小。孔明"有荆益、定三分"，人皆以其谋之善，而不知其为第二义，而其志则远矣大矣。盖有荆、益以为国资，而不在于荆、益也；定三分以为已援，而不在于三分也。恢复大业，非此莫能遽济尔。惟杜甫诗云"三分割据纡筹策"，吁谟远猷，甫盖知之矣。

◎程颢上殿札子有云：君道之大，在乎稽古正学，明善恶之归，辨忠邪之分，晓然趋道之正。故在乎君志先定，君志定而天下之治成矣。所谓定志者，一心诚意，择善而固执之也。夫义理不先定，则多听而易惑；志意不先定，则守善而或移。惟在以圣人之训为必当从，先王之治为必可法，不为后世驳杂之政所牵制，不为流俗因循之论所迁惑，自知极于明，信道极于笃，任贤勿贰，去邪勿疑，必期致世如三代之隆而后已也。

释读：《格物通》指出，万化生于心，故万善始于志也。志定而不能善其事者，未之有也；志不定而能善其事者，亦未之有也。故君子定志之为贵，一定志而天下之治成矣。湛若水《新泉问辨录》载：学生问“先生之教，惟立志、煎销习心、体认天理之三言者，最为切要，然亦只是一事”该如何理解。湛若水答：“此只是一事。天理是一大头脑，千圣千贤共此头脑，终日终身只是此一大事，更无别事。立志者，志乎此而已，体认是功夫以求得乎此者，煎销习心以去其害此者。心只是一个好心，本来天理完完全全，不待外求，顾人立志与否耳。孔子十五志于学，即志乎此也。此志一立，三十、四十、五十、六十、七十，直至不逾矩，皆是此志变化贯通，只是一志。志如草木之根，具生意也；体认天理，如培灌此根；煎销习心，如去草以护此根。贯通只是一事。”

◎国朝永乐三年（1405年）。正月壬子，先是，太宗皇帝命翰林院学士兼右春坊大学士解缙等，于新进士中选才质英敏者，俾就文渊阁进其学。至是，缙等选修撰曾棨等二十八人入见。太宗谕勉之曰：“人须立志，志立则功就。天下古今之人，未有无志而能建功成事者。汝等简拔于千百人中为进士，又简拔于进士中至此，固皆今之英俊，然当立志远大，不可安于小成。为学必造道德之微、必具体用之全，为文必并驱班、马、韩、欧之间，如此立心，日进不已，未有不成者。古之文学之至，岂皆天成？亦积功所致也。汝等勉之。朕不任尔以事，文渊阁，古今载籍所萃，尔各食其禄，日就阁中恣尔玩索，务实得于己，庶国家将来皆得尔用，不可自怠，以孤朕期待之意。”

释读：国朝指明朝，太宗即明成祖朱棣。庶吉士之选始于洪武年间，是明朝储备人才、培养文官的措施。《格物通》指出，太宗此处所言，先之以立志，本之以道德，全之以体用，发之以文章，可谓知本矣！为庶吉士者，宜以圣贤为志，以道德为本，以文艺为末，庶无负于列圣相传教养之本意也。

三、自省·慎思

◎《诗》云："潜虽伏矣，亦孔之昭。"故君子内省不疚，无恶于志。君子之所不可及者，其惟人之所不见乎？

释读：出自《礼记·中庸》。《格物通》指出，此子思引《诗》而申谨独之事。引《诗》言，潜者不睹不闻之体，虽云幽伏矣，而天下之显见者皆本于此，则亦甚昭著焉。故君子专用力于此，自省其高明广大之本体不亏，而天之所以与我者不失，何愧于心乎！于人之所不见而己独知之者而致谨焉，此君子之所以为不可及也。故程颢曰："《中庸》语道，只无声无臭括了多少。"又曰："自无声无臭发而为礼仪三百、威仪三千，自礼仪三百、威仪三千复归于无声无臭。"是足以见体用一原、显微无间矣。故求圣学者，其几只在慎独。

◎兼山，艮，君子以思不出其位。

释读：此《周易》艮卦的象辞。《格物通》指出，艮为山，重艮上下皆山，故有兼山之象。君子观此，求艮止之道，不越于思焉而已尔。思无邪，而后能止出位之思。邪思即不止矣。位者，所处之时、之地、之事也。所思或非其时、非其地、非其事，是出位也。或滞于时、滞于地、滞于事，亦出位也。必无在而无不在，勿助勿忘，然后能中思，是之谓思不出位。夫思者，心之本体也。思不出位，则吾心之本体正，而天理见矣。夫思者，圣功之本也，可不慎乎！

◎曾子曰："吾日三省吾身：为人谋而不忠乎？与朋友交而不信乎？传不习乎？"

释读：出自《论语·学而》。《格物通》指出，此曾子省身之学也。自省者，入善之几也。人惟不知省，故人心死而天理灭矣。曾子之学常于心上用功，故以三事日省，日省则无时而不省矣。省者，心之所以生，天理之所以存也。三省同一心，皆随处体认之功也。盖谋不忠、交不信、传不习，心皆不实，反以自省，顷刻知之则顷刻即实，而天理存矣。此曾子日省所以随处精察而致谨焉，真自治之诚切者欤！此即与一贯之学同。宜其闻夫子之旨而即唯也。学曾子之学者，其尚求诸心以决其几哉！

◎子曰："《诗》三百，一言以蔽之，曰：思无邪。"

释读：出自《论语·为政》。《格物通》指出，夫思者，心之神也。心体何尝不正？思焉而几动，则善恶分矣。心之本体至正而善也，私意萌焉，则邪恶矣，而心中正之体无不在，特蔽于私尔。思无邪，所以复心之本体也。人能随处体认，察见本体而涵养之，则内欲不萌，外诱不累，而心思之神澄然无事，是谓无邪也。不能见理，则私心邪念潜伏于中，虽欲规规焉除之，不免于灭东生西之患矣，欲其无邪也，得乎？

◎子曰："人无远虑，必有近忧。"

释读：出自《论语·卫灵公》。《格物通》指出，虑者，谋也。忧者，患害也。远谋莫过于道，道无穷尽，以道存心，体认天理，则自一念之微以至四海之广，自一息之间以至千百年之远，皆道也。道无不善，善无不吉，何忧乎？反是，则未能贻四海之忧，而忧先及其身；未能致千百年之患，而患先见于瞬息之顷矣。世之人君观此，可不为寒心哉？夫惟笃于学，慎于动，则可以免矣。

◎子曰："君子有九思：视思明，听思聪，色思温，貌思恭，言思忠，事思敬，疑思问，忿思难，见得思义。"

释读：出自《论语·季氏》。《格物通》指出，学之要在随处体认天理而已。体认者，心思之用也，故曰："思则睿，睿作圣。"（周敦颐《通书·思》）孟子曰："思则得之。"（《孟子·告子上》）苟于视、听、色、貌、言、事、疑、忿、见得而各致其思焉，则《书》所谓“虑善以动，动惟厥时”（《尚书·说命》），随处体认而天理见矣。夫事虽九而思一也，一思之通乎九事。《记》曰：“聪明圣知达天德。”（《礼记·中庸》）思之用，广矣，大矣。

◎唐太宗贞观十一年（637年）。三月庚子，上宴洛阳宫西苑，泛积翠池，顾谓侍臣曰：“炀帝作此宫苑，结怨于民，今悉为我有。正由宇文述、虞世基、裴蕴之徒，内为谄谀，外蔽聪明故也。可不戒哉！”

释读：《格物通》指出，鉴善不如鉴恶，以其惩戒之心切也。鉴恶之心不切，则其为善之志不勇矣。故观其宫室，则思峻雕之戒；观其台榭，则思琼瑶之戒。然而不善者，未之有也。《诗》曰：“殷鉴不远，在夏后之世。”其太宗之于炀帝之谓乎！

◎唐太宗贞观十一年。夏四月，魏徵上疏，以为人主善始者多，克终者寡。盖以殷忧则竭诚以尽下，安逸则骄恣而轻物，尽下则胡越同心，轻物则六亲离德。见可欲则思知足，将兴缮则思知止，处高危则思谦降，临满盈则思挹损，遇逸乐则思撙节，在宴安则思后患，防壅蔽则思延纳，疾谗邪则思正己，行爵赏则思喜而僭，施刑罚则思怒而滥。

释读：《格物通》指出，魏徵之言，可谓知几矣，何也？天下之从违存乎君，君心之好恶存乎志，君志之邪正存乎思。思也者，其人君治乱安危之几也，人君可不思乎哉？然不知事虽十，而欲则一也，诸欲同根，随触而发，绵绵不绝，遂折斧柯。其始也甚微，而终至于不可止极，惟思可以止之尔。思也者，其人君安危治乱之几欤！

四、正学·慎言

◎国朝皇祖与诸儒臣论学术。翰林院学士陶安对曰：“道之不明，邪说害之也。”皇祖曰：“邪说之害道，犹美味之悦口、美色之眩目，人鲜不为惑，自非有豪杰之见，不能决去之也。战国之时，纵横捭阖之徒肆其邪说，游说当时诸侯。急于功利者多从其说，往往事不就而国随以亡，此诚何益？夫邪说不去，则正道不兴。正道不兴，天下乌得而治安？”对曰：“陛下所言深探其本。”皇祖曰：“仁义，治天下之本也。贾生论秦之亡，不行仁义之过。”

释读：皇祖指朱元璋。《格物通》指出，尧舜之道，正道也。孔孟之学，正学也。杨、墨、佛、老、苏、张之说，邪说也。正者，天理之公，仁义是已；邪者，人欲之私，功利是已。天理人欲之判，邪正之分，初非甚相远也，萌于一念中正与过不及之间耳。苟体认于二者之间，慎存乎中正之体，则正道明，邪道息而万化成矣。我皇祖因儒臣之对，而知正邪之分，达治平之本，诚万世圣学之心法也。此所以用夏变夷、拨乱反治、肇造不拔之洪基耶！圣明苟念之于心，则兴道致治不难矣。

◎晋穆帝升平五年（361年）。范宁好儒学，性质直，常谓王弼、何晏之罪深于桀纣。或以为贬之太过。宁曰：“王、何蔑弃典文，幽沉仁义，游辞浮说，波荡后生，使搢绅之徒翻然改辙，以至礼坏乐崩，中原倾覆，遗风余俗，至今为患。桀纣纵暴一时，适足以丧身覆国，为后世戒，岂能回百姓之视听哉？故吾以为一世之祸轻，历代之患重。自丧之恶小，迷众之罪大也。”

释读：《格物通》指出，虐政之害人也，浅而近，邪道之害正也，远而深。故虐政使人知警，邪道使人心肆。范宁之论王弼、何晏，似过而不过也。然而学术者，政事之本，故孟子论诐淫邪遁，生于其心害于其政，发于其政害于其事，则夫桀纣之虐政，亦王、何之流弊也。后之人君，主正学之权者，可不有戒于斯乎。

◎国朝洪武二年（1369年）三月戊申。上谓翰林侍读学士詹同曰：“古人为文章，或以明道德，或以通当世之务，如典谟之言，皆明白易知，无深怪险僻之语。至如诸葛孔明《出师表》，亦何尝雕刻为文？而诚意溢出，至今使人诵之，自然忠义感激。近世文士不究道德之本，不达当世之务，有词虽艰深，意实浅近。即使过相如、扬雄，何裨实用？

自今翰林为文，但取通道理、明世务，无事浮藻。”

释读：《格物通》指出，人之言皆本于心也。故心有所养，明于道德，通于世务，则其发于言辞，皆吾自得之实事，《尧典》《大禹谟》《出师表》之浑厚平正是也。不培养其本而徒靡丽于末，誊口说尔，此文风士习之所以日弊，可叹也。皇祖偃武修文之初，拳拳以明道德通世务为至文，崇《尧典》《大禹谟》《出师表》之浑厚，黜司马相如、扬雄之浮藻，此文风士习之所以一丕变矣乎。今国家历百六十年，文辞之富丽甚矣，转移而挽回之，复洪武淳朴之风，在圣明一念之间尔。孟子云：“上有好者，下必有甚焉者矣。”文运与国运同隆污，夫岂细故哉！

◎帝曰：“惟口出好，兴戎。”

释读：语见《尚书·虞书·大禹谟》。《格物通》指出，此帝舜告禹之言。好，善也；戎，兵也。言发于口，则有召善、起兵二者之分，利害之几可畏如此。《易》曰：居其室，出其言善，千里之外应之，况其迩者乎？出其言不善，千里之外违之，况其迩者乎？人君居天下之上，一言一动尤为千万臣民之瞻听，甚不可不慎其所发也。

◎惟口起羞。

释读：语见《尚书·商书·说命》。《格物通》指出，此傅说告高宗之言也。言语者，所以宣其意而达诸政令者也。轻出则有起羞之患。夫言行，君子之枢机也。枢机之发，荣辱之主也。故一或轻出，大则启祸，小则召侮。人君之发言可不慎乎！

◎帝曰：“龙！朕堲谗说殄行，震惊朕师。命汝作纳言，夙夜出纳朕命，惟允！”

释读：语见《尚书·虞书·舜典》。《格物通》指出，此帝舜命龙谨于出纳王言之词。龙，舜之臣。堲（jí），疾。殄，绝也。殄行者，谓伤绝善人之事。师，众也。谓其言之不正而能变乱黑白，以骇众听也。纳言，虞官名，在周为内史，在汉为尚书，魏晋以来为中书门下。夫命令，人君鼓舞万民之具，诚不可以不谨，而纳言之官，命令之所由出者也。谗说之人以非为是，以邪为正，窥伺间隙，迎合主意，人君惑之，则赏以私喜，罚以私怒，命令由之而不正矣。此帝舜之所以深恶而必慎重于纳言之命也。以为命令政教由纳言而出，必使审之，既信，然后出之；否则，谏止之，不必出可也。敷奏复逆，由纳言而入，必使审之，既信，然后入，否则斥逐之可也。是故朝廷赏罚予夺，皆出圣断，大权不至下移，而谗说无所容其喙矣。后世人君，惟欲其言而莫予违，使纳言之官不得尽其职，唯唯奉命以取容悦，此命令之所以不正而治之不古若也，有由然哉。夫纳言之官，今之通政司与夫六科十三道皆其类也，如朝廷之喉舌，然若喉舌壅（yōng）塞，言语不通，为身之大患，为人君者岂不惧乎！

◎王曰："呜呼！凡我有官君子，钦乃攸司，慎乃出令，令出惟行，弗惟反。以公灭私，民其允怀。"

释读：语见《尚书·周书·周官》。《格物通》指出，此成王训迪百官之言也。反者，令出不可行而壅逆之谓。允，信也，盖令者出于上而施于下，示趋向于民者也，诚不可以不慎。敬汝所主之职，在于慎令，故曰"钦乃攸司，慎乃出令"。令欲其行，不欲其壅逆而不行，此所以当慎也。公理私情不容并立，公理胜则私情灭，以公灭私则所出之令至公无我，民将"丕应徯志"（《尚书·虞书·益稷》），岂有不敬信而怀服者乎？故敬职在于慎令，慎令在于至公。为人上者，其可不立至公，以为出令之本乎！

◎毋剿说，毋雷同，必则古昔，称先王。

释读：语见《礼记·曲礼》。《格物通》指出，取他人之说以为己说谓之剿说，闻人之说而附和之谓之雷同，则犹法也。修辞立诚所以进德也，古之君子所以致慎于言辞者，非欲为观美也，盖所以谨其心而进德也。是故剿说雷同，求之于人也，言非由中出也。言则古昔，称先王，非求之于古昔、先王也，求之我也。先王之心，我之同然也，故求之人者伪也，求之我心之同然者，诚也。故君子立诚之为贵。

◎修身践言，谓之善行。行修言道，礼之质也。

释读：语见《礼记·曲礼》。《格物通》指出，修身以践言，言斯道矣。践言以善行，行斯修矣。言行者，君子之枢机也。礼之出也，必言行以为地，是故言行修，礼本立矣。故礼乐待人而后行。

◎孔子曰："君子过言则民作辞，过动则民作则。君子言不过辞，动不过则，百姓不命而敬恭。"

释读：语见《礼记·哀公问》。《格物通》指出，过言过动，谓言动不当理也。作如作好作恶之作，作辞，化其过言也；作则，化其过动也。过言生于心也，过行发于身也，皆不恭不敬之萌也。恭敬存于心，言行不过则，百姓化而敬恭，感应之理则然也。君子之于言动，其可以不谨乎！

◎子曰："王言如丝，其出如纶。王言如纶，其出如綍。故大人不倡游言。可言也，不可行，君子弗言也；可行也，不可言，君子弗行也。则民言不危行，而行不危言矣。"

释读：语见《礼记·缁衣》。《格物通》指出，如丝如纶者，发之者小而播之者大也。如纶如綍（fú）者，发之者大而播之者尤大也。盖人君一言之发，一训诰诏令之出，而臣下之奉行，天下之习尚，必有甚焉者矣。发之不可不谨也，故在审之而已矣。一言之发也，必思曰他日可行于臣民乎？否则，不必言也。一政之行也，必思曰此可对臣民言之乎？否则，不必行也。言必虑其所终，行必稽其所敝，则言行相顾而天下化之矣。虽然，理一也，合乎理未有可言而不可行，可行而不可言者。但人君以崇高之势，或出悖理之言行，以为莫予违者，而不知天下之臣民已议其后而莫肯信从矣。王者之所发可不慎乎！

◎召公曰："民之有口也，犹土之有山川也，财用于是乎出；犹其有原隰衍沃也，衣食于是乎生。口之宣言也，善败于是乎兴。行善而备败，所以阜财用衣食者也。夫民虑之于心，而宣之于口，成而行之，胡可壅也？壅其口，其与能几何？"

释读：语见《国语·周语》。《格物通》指出，山川所以宣地气而出财用，犹口之宣人心而言善败。广平曰原，下湿曰隰（xí），下平曰衍，有溉曰沃。善谓民所善者，败谓民所恶者。阜，厚也。与，语辞。能几何，言不久也。夫人君考德必听于民，故百工陈谏，庶人传语，尝使之宣其情，而勿壅也。厉王乃使卫巫以监谤，是壅民之口，民将叛之，亡无几矣。

◎文公十七年（前610年）。襄仲如齐，拜谷之盟。复曰："臣闻齐人将食鲁之麦。以臣观之，将不能。齐君之语偷。臧文仲有言曰：'民主偷必死。'"夏五月戊戌，齐人弑其君商人。

释读：事见《左传》。其中，"夏五月戊戌，齐人弑其君商人"，见《春秋》文公十八年经文。《格物通》指出，偷，薄也，苟且之谓也。人之有言，皆本于心。言之病者，心之疢所由发也。孟子知言审诸此尔。齐侯以苟且之心发苟且之言，因言以察其心根本病且蹙（cù）矣。鲁人之麦未食，而死不旋踵。

◎襄公二十五年（前548年）。子产献捷于晋，戎服将事。晋人问陈之罪。（冬十月）陈及郑平。仲尼曰："《志》有之：'言以足志，文以足言。'不言，谁知其志？言之无文，行而不远。晋为伯，郑入陈，非文辞不为功。慎辞哉！"

释读：此《左传》载。时晋为盟主，郑未经晋许可伐陈，入之，且戎服来献功。晋人三问，子产三答。晋人词色甚厉，子产随机应对，以其人之道还治其人之身。驳抑处使其不便认真，尊奉处使之益自愧歉，卒令晋人不暇斥其逆而反服其顺，辞之为功诚大矣。《格物通》指出，孔子尝谓"赐不幸言而中"，则知君子之不贵言也。至于郑人入陈之役，乃多子产之文辞者，何居？孔子亦曰："辞达而已矣。"子产之辞顺则达，达足以感人矣，君子所以取之也。枢机之发，荣辱之主，可以不慎乎？

◎定公十年（前500年）。夏，公会齐侯于夹谷。

释读：此《春秋》经文。《格物通》指出，夹谷之会，齐侯弱鲁，将有莱兵之劫，国势之殆亦甚矣。仲尼以从容谈论而却敌国之兵，何也？盖天下莫大于理，而强众不与焉。仲尼之对齐侯曰：“裔不谋夏，夷不乱华，于神为不祥，于德为愆义。”听其言也，道德之正自足以折其奸回之心，仁义之论自足以消其桀骜之气，故俄顷之间功化如此也。否则齐君非不武也，晏婴非不知也，胡为而有获罪于鲁、谢过以质之言哉？故胡安国《春秋传》曰：“仲尼一言，威重于三军。”

◎哀公十四年（前481年）。小邾射以句绎来奔，曰：“使季路要我，吾无盟矣。”使子路，子路辞。季康子使冉有谓之曰：“千乘之国，不信其盟，而信子之言，子何辱焉？”

释读：此《左传》载。子路诺而有信，胜于结盟。《格物通》指出，千乘之国，不信其盟，而信仲由之一言者，何也？盖自其无宿诺之，信以孚之也。言诺之于人，岂小也哉？虽然，信所以成，义者也。不义之信，君子弗之贵也。小邾虽信仲由之言，而仲由不往者，守义以成信也。然则仲由之言，岂不益可信哉！

◎子贡问君子，子曰：“先行其言，而后从之。”

释读：语见《论语·为政》。《格物通》指出，君子之道大矣，而孔子于子贡之问，惟以言行先后言之者，何哉？《周易·系辞上》曰“言行，君子之枢机”，不可不慎。故行之于先则行专，而能力言之于后，则言切而有孚。君子之于学也，察见天理体之于身心而有得焉，然后立训以告人，或出言以答问，无非体贴吾心所得之实理，则行有恒而言有物，言顾行，行顾言，慥（zào）慥君子矣。

◎子曰：“古者言之不出，耻躬之不逮也。”

释读：语见《论语·里仁》。《格物通》指出，夫行不及言，古人所耻，是何今人之不古若哉！不肯体之于身，徒事讲说之烦，竞为文字之学，皆依仁义道德之说，与身心略不相涉而莫之耻焉，何心哉？其习使之然也。

◎所谓大臣者，以道事君，不可则止。

释读：语见《论语·先进》。《格物通》指出，大臣即是大人，为之所养者大，故其德业亦大。所谓大者，道是也。所谓道者，天理是也。大臣以此事其君，引之当道，格其心而志于仁，若其言之不听，谏之不行，则道有不合矣，则去之而不苟留也。是其仕也，以道止也。以道乐则行之，忧则违之，进退以道，确乎而不可拔矣。故尝论之，以道事君者固爱君也，不合而去者亦所以爱其君也，何也？道不合而弗去，则将苟焉以徇利，是使君轻视其臣，谓可以利笼络之也。君而轻视其臣，何所不至？惟大臣者能以道为去就，则足以起其君敬畏之心。君而有敬畏之心，则大臣虽退犹进也，虽去犹留也，是之谓爱君之道。夫子之不许由、求，以其无大人之学尔。若颜、曾、冉、闵者，其人乎！惜乎鲁之君臣莫能用也。

◎子路问事君。子曰："勿欺也，而犯之。"

释读：语见《论语·宪问》。《格物通》指出，犯谓犯颜谏诤也，欺谓所犯之言或有不由其诚、不当于理而犹涉于欺罔也。《礼》曰："事君有犯而无隐。"（《礼记·檀弓上》）《书》曰"予违汝弼，汝无面从"（《尚书·虞书·益稷》），则事君固贵于面折犯颜，然而不免有欺君罔上之言杂乎其间，则固已得罪于君，又得罪于天矣。虽能犯而亦何取？故孔子告子路以有勿欺之心而犯，则忠直并行，而事君之道尽矣。后之为臣犯则往往有之，或由于好名，或由于附势，凡有所为而为，则欺君之罪已先不能免矣，何以望其君之感悟哉！

◎南容三复白圭，孔子以其兄之子妻之。

释读：语见《论语·先进》。《格物通》指出，白圭之诗乃卫武公作之以自警者也。曰："白圭之玷，尚可磨也。斯言之玷，不可为也。"其严于自饬如此，此其所以德跻于睿圣也。南容独取其言而三复焉，盖深有意于谨言矣。夫言者心之声也，君子能存其心则言与心应，而自无不谨之言矣。

◎庸德之行，庸言之谨；有所不足，不敢不勉；有余，不敢尽。言顾行，行顾言，君子胡不慥慥尔。

释读：语见《中庸》。《格物通》指出，此《中庸》引孔子之言，所以推明忠恕，违道不远之意也。盖忠与恕初不相离，但欲行乎恕，当养其忠。言行之谨正所以养其忠也，忠立而恕出矣。庸，常也，存于身者谓之常德，发于口者谓之常言，以其天理之自然故谓之常，即上文君子之道也。致谨于言行之常，皆随处体认乎此尔，如是而君子之道有不造其实者哉？能造其实，道斯一矣。然圣人论道，恒以言行言者何欤？《易》曰“言行，君子之枢机”（《周易·系辞上》），所关者大矣。学者皆然，人君为甚。自一话言之出以至于制诰命令之发，皆言也；自一念虑之动以至于家国天下事为之著，皆行也。《易》曰：“言出乎身加乎民，行发乎迩见乎远。”又曰：“言行，君子之所以动天地也。”（《周易·系辞上》）《礼》曰：天子“动则左史书之，言则右史书之”。（《礼记·玉藻》）噫！人君一身之言动，近则书之史册，远则及乎人民，大焉则动乎天地，然则君天下者尤当致谨于斯云。

◎非先王之法言不敢道，非先王之德行不敢行，是故非法不言，非道不行。口无择言，身无择行，言满天下无口过，行满天下无怨恶。

释读：语见《孝经·卿大夫》。《格物通》指出，所谓法者德者皆天理也，由是而言则为法言矣，由是而行则为德行矣。皆云先王者，先王能由之，先得我心之同然者也。故非法则不敢言，使口无可择之言而免于口过矣；非道则不敢行，使身无可择之行而免于怨恶矣。免于口过怨恶，盖得乎民心之所同然者也。人君能如是，是之谓能修其身，是之谓能孝其先君。

◎师经鼓琴，魏文侯起舞，赋曰：“使我言而无见违。”师经曰：“尧舜之为君也，惟恐言而人不违；桀纣之为君也，惟恐言而人违之。”

释读：出自刘向《说苑·君道》。《格物通》指出，龙逢比干以谏而死，是桀纣恐人之违其言也。恐人不违其言，则言必谨矣；恐人违其言，则言必不谨矣。孔子曰：“如其善而莫之违也，不亦善乎？如不善而莫之违也，不几乎一言而丧邦乎！”（《论语·子路》）盖人君言动之际，实系兴丧之源。一言而善则举天下蒙其福，一言而不善则举天下受其殃，君人者诚不可不慎也！苟惟其言而莫予违，则一人附之，十人比之，谗谄面谀，无所不至，祸天下可胜言哉？

◎口者关也，舌者机也。出言不当，驷马不能追也。口者关也，舌者兵也。出言不当，反自伤也。

释读：此刘向《说苑·谈丛》语。《格物通》指出，出言如机，言失不可转也。出言如兵，言失反自伤也。夫一言之失不可转而反自伤，岂不可惧也哉！

◎唐高祖武德元年（618年）六月，上尝有敕而内史不时宣行，上责其迟。萧瑀对曰："大业之世，内史宣敕，或前后相违，有司不知所从。其易在前，其难在后。臣在省日久，备见其事。今王业经始，事系安危，远方有疑，恐失机会。故臣每受一敕，必勘审，使与前敕不违，始敢宣行。稽缓之愆，实由于此。"上曰："卿用心如是，吾复何忧？"

释读：唐朝武德元年，李渊称帝，萧瑀为内史令，主管内史省，为宰相职。《格物通》指出，朝廷之上，出其言善则天下从之，出其言不善则天下违之，故不可不慎也。君之出令不贵于速而贵于善，臣之奉令不患其迟而患其未允。君失之，臣修之，所以交济其善而期于允也。故有臣如萧瑀，君之令不患其不善矣；有君如唐祖，臣之奉令不患其不允矣。后世君以逆令罪其臣，臣以顺令媚其君，及诏令行而天下怨，咨所谓言悖而出者，亦悖而入也，岂非上下不谨言之过欤！

◎谗人之言常巧矣，故能变乱是非之实，中伤善类，以蔽人主之听，不可不察也。

释读：此杨时《经筵讲义》所云。《格物通》指出，谗言者，惑心之几，心惑则乱亡之几由之矣。然天下之言，非者不足以惑人，而惑人者皆似是而非者也，所谓谗人之言是也。人君苟或不察，为其言之入，则善人受其毒，而流祸于无穷矣。

◎其君臣相疑于言，龙逢碎首，比干剖心，嵇生血衣，朱云折槛，相死相败于极言。

释读：此嘉靖七年戊子六月二日，湛若水《赠黄门林君舜卿考满入京序》语。龙逢碎首、比干剖心是常用典故。嵇生血衣中的嵇生指嵇康，他生性狂傲，但忠于曹魏集团，因拒绝投靠司马氏不惜言辞激烈地与朋友绝交，并被司马昭杀害。他的儿子嵇绍却依附晋初司马氏政权，官至侍中郎。八王之乱时，嵇绍为晋惠帝司马衷挡箭而死，血溅司马衷衣服，当有人想把这件血衣洗一下时，司马衷便伤感地说："勿浣，此嵇侍中血。"嵇生父子都因司马氏政权而死。朱云折槛，事见《汉书・朱云传》。汉成帝时槐里令朱云，曾上书切谏，指斥朝臣尸位素餐，请斩佞臣安昌侯张禹（成帝的师傅）以厉其余。成帝大怒，欲诛云，云攀折殿槛（殿堂上的栏杆）。后来成帝觉悟，命保留折坏的殿槛，以旌直臣。

◎清问："宋哲宗锐志于学，一日于轩前折柳，程子谏以方春不可无故摧折。哲宗不平，掷之于地。司马公谓使人主不肯亲近儒生，正为如此。夫从容讽谏，固足以转移君心，而有犯勿欺，实君子事君之道。若司马公之言是，则于其君折柳之时，果将何以为谏？"湛若水答："君子事君，固当随事谏正，然使明道言之，必圆转和平，自能入人，足以感动人主之心，此事系乎德盛所致，不可强为。"

释读：此段出自《新泉问辩录》。程颢和程颐是两兄弟，但性格差异明显。明道指程颢，所谓大程；程子指程颐，所谓小程。年轻的宋哲宗方春折柳，程颐直谏不可，惹得哲宗很不高兴。湛若水认为，如果换作大程，道理还是那个道理，但他会换一种说话语气和方式，可能效果就不同。

五、义利・公私

◎威仪抑抑，德音秩秩。无怨无恶，率由群匹。受福无疆，四方之纲。

释读：出自《诗经・大雅・假乐》。《格物通》指出，此诗人愿王者之子孙其适为天子者，公以任贤也。抑抑，密也。秩秩，有常也。匹，类也，群匹谓众贤也。言愿王者有威仪声誉之美，秉其好善恶恶、是是非非之公心，无私怨私恶，以任众贤，是能受无穷之福，为四方之纲矣。夫好贤而恶不肖，人之本心也。任贤勿贰，去邪勿疑，必百志惟熙者能之。若夫本心不明，以异同为好恶，则贤者必以忠直而见怨恶。怨恶之私生于中，人之有技，媢嫉以恶之，人之彦圣，而违之俾不通，实不能容，以不能保我子孙黎民矣。故唯仁人能好人能恶人，无怨恶之私故能率用群贤。贤者在位，能者在职，用贤致治，而受安富尊荣之福于无穷，而为四方之纲矣。君者，朝廷之纲。朝廷者，天下之纲。纲举而万目张，故天下治矣。夫以四方之纲，无疆之福，人才之盛，由于一念好恶之公如此，可不谨乎！成汤之立贤无方，武王之建官惟贤、位事惟能，宣王之任贤使能，是皆本于好恶之公，而卒获其应者也。伏惟圣明以古圣贤为法，存公正之心以为用贤受福之本，则休明之治自臻矣，斯世斯民何其幸邪！

◎凡厥庶民，无有淫朋，人无有比德，惟皇作极。

释读：出自《尚书·周书·洪范》。《格物通》指出，此箕子衍皇极之畴告武王也。淫朋，邪党也。人，有位之人。比德，私相比附也。言庶民无有邪党，在位之人无有私相比附者，惟人君立极于上，皇极立则朝廷正矣。斯有以化臣民之心，使之大公无私尔。淫朋比德，皆私心为之也。尧舜之时，公道大明，人皆以尧舜之心为心者，以尧舜执中之化也。人君居臣民之上，可不谨于心术之微，公私之辨，以立朝廷大中至正之矩乎！

◎天无私覆，地无私载，日月无私照。奉斯三者以劳天下，此之谓三无私。

释读：此《礼记·孔子闲居》语。《格物通》指出，《易》曰“大人者，与天地合其德，与日月合其明”（《易传·文言》），言其公也。圣人公天下之心，故与之合，是故三王之治天下者，亦惟奉若天道而已。盖以其至公无私之心，发而为兼临溥（pǔ）照之德，而万物得所。故三光全，寒暑时，天地位，万物育矣，后之有志于三王之治者，盍于兹乎法焉。

◎子云：上酌民言，则下天上施；上不酌民言，则犯也。下不天上施，则乱也。

释读：出自《礼记·坊记》。《格物通》指出，《尚书》称“清问下民”“谋及庶人”，所以广聪明也。盖天下之道理无穷，而一人之聪明有限，故政教之施，必参酌乎庶人之言而后尽善尽美也。如是，则能合人情而宜土俗，其行之也无弊，其利之也无穷。下民之悦之，真若天之膏泽之降施于上矣。苟惟任一己之私，好民之所恶，恶民之所好，则拂人之性矣，故谓之犯上。既犯则下乱，膏泽不下于民，而下民不天上之所施矣，岂不背叛而为乱哉？或曰：九重深邃，民言何自而达？君亦何自而酌之也？曰：询之左右，询之群臣，询之庶民，而又命使以观风问俗于天下，民之利病莫遁其情，君则酌其至公至当者而施之，则民虽未言，君固已逆探其欲言者而播之，虽不中，不远矣。

◎襄公三年（前570年）。晋祁奚请老，晋侯问嗣焉。称解狐，其仇也，将立之而卒。又问焉，对曰：“午也可。”于是羊舌职死矣。晋侯曰：“孰可以代之？”对曰：“赤也可。”于是使午为中军尉，羊舌赤佐之。君子谓：“祁奚于是能举善矣。称其仇，不为谄。立其子，不为比。举其偏，不为党。《洪范》曰：‘无偏无党，王道荡荡。’其祁奚之谓矣！解狐得举，祁午得位，羊舌赤得官，建一官而三物成，能举善也。夫惟善，故能举其类。《诗》云：‘惟其有之，是以似之。’祁奚有焉。”

释读：此《左传》文，湛若水对其中文字稍有改动。《格物通》指出，祁奚举解狐，其仇也；举祁午，其子也。人臣事君之道，先国家而后己私。夫才足以任事，惟其人而已，内不避亲以自嫌，外不弃仇以生忌。吾庸知其亲与仇哉，惟其人而已矣。自嫌生忌，此大臣之所以私也，非贤哲尽忠于君而公天下之心也。

◎昭公十五年（前527年）秋。晋荀吴帅师伐鲜虞。

释读：此《春秋》经文。《格物通》指出，据《左传》，晋荀吴帅师伐鲜虞，围鼓。鼓，白狄之别种也。鼓人或请以城叛而降晋，荀吴不肯受。左右曰："师徒不致勤劳而可坐得一城，何故不为？"荀吴曰："我闻诸叔向：'好恶无有过差，使民晓然知其好恶之所在，则事无不济也。'或以吾城叛而归敌，吾所甚恶也。今人以城来，吾独何好焉？赏所甚可恶者，则于甚可好者将何处之？若受其叛而不推赏，是失信也，何以庇民？吾力所能则进而取之，力所不能则退而舍之，量力而行之，不可欲急得城而近奸邪之人，所丧失滋多矣。"乃使鼓人杀其叛人而缮修守备。在湛若水看来，好而知其恶，恶而知其美，好恶之公也。好恶之公，实自正其心始。心正则诚矣，诚则明，明则知，千万人之好恶即一己之好恶。诚则公，公则以一己之好恶而为千万人之好恶也。荀吴却鼓城之叛，而自其己之好恶推之，庶几近于道乎！惜乎未能扩充之，以成王佐之才也欤！

◎子曰："君子喻于义，小人喻于利。"

释读：出自《论语·里仁》。《格物通》指出，君子者，极善之名。小人者，极恶之名。君子、小人之善恶，其端始于一念之萌尔。一念义利，此善恶几也，喻者皆本其心之念虑而言，凡一念之正而无所为者天理，天理则义也。人知一念之正为是为义，则念念皆义，心与义一，是通晓乎义，是君子矣。凡一念之邪而有所为者皆人欲，人欲则利也，人知一念之邪为便为利，则念念皆利，心与利一，是通晓乎利，是小人矣。盖其始也不能审之于几微，故其终也不能觉之于成性。喻义喻利，有不期然而然者矣。夫今之行路之人，呼之以君子之名则喜，呼之以小人之名则怒，至其处心之际，则往往舍义而从利，岂其爱身不以君子哉？由不早察其几耳。是故以言乎学问则为圣，为贤，其失为夷狄，为禽兽，以言乎为治则为王道，其失为伯术，皆于此焉分。此固为学者之所当知，而人君之治天下国家尤所当慎焉。

◎子曰："唯仁人能好人，能恶人。"

释读：语见《论语·里仁》。《格物通》指出，好善而恶恶，天下之同情也，但有一毫私意以杂乎其间，斯有好而不知其恶，恶而不知其美者矣。故好恶得正，唯仁者能之。盖仁者之心浑然天理，廓然而大公，物来而顺应，故因人之善而好之，好非以己而无有作好也。因人之恶而恶之，恶必以物而无有作恶也。何有于亲爱贱恶之辟哉？虽然，常人之好恶所系犹小也，若夫人君之情有所好恶，则或为刑赏，或为用舍，或为予夺，或为黜陟，或为生杀，一失其正，将拂人之性而使天下蒙其祸，且不免于逮身之灾矣，可不慎欤！

◎孟子见梁惠王。王曰："叟，不远千里而来，亦将有以利吾国乎？"孟子对曰："何必曰利，亦有仁义而已矣。王曰何以利吾国？大夫曰何以利吾家？士庶人曰何以利吾身？上下交征利，而国危矣。万乘之国，弑其君者，必千乘之家；千乘之国，弑其君者，必百乘之家。万取千焉，千取百焉，不为不多矣。苟为后义而先利，不夺不餍。未有仁而遗其亲者也，未有义而后其君者也。王亦曰仁义而已矣，何必曰利？"

释读：出自《孟子·梁惠王上》。湛若水《斗山书堂讲章》云：孟子七篇皆是遏人欲，存天理，天理存则人欲自消的意思。而此章乃开卷第一义，深陈利害之原，尤为痛切，乃圣学大关键真实功夫处。当战国之时，功利之说坏人心术，入人骨髓。自家固有莫大之功、自然之利，都不知了。千方百计，只要求能利其国，如梁惠王者，然不特一惠王也。招得孟子到来，谓此老素有贤名，必是能利吾国者，故以利国之计为问。被孟子窥破他心术，浑身病痛都在这利上，便下手落他顶门一针曰王"何必曰利，亦有仁义而已矣"。又覆手报他一针曰亦有"仁义而已矣。何必曰利"。盖死中求活，如卢医扁鹊能视垣一方人、返魂起死的手段也。但只如此说了，又恐惠王卒难觉悟，无入头处。孟子又善诱开导得人，故又言王若言利，则大夫士庶人化之，皆争言利，上利乎下，下利乎上，相利则相征，相征则相弑夺之祸纷起而不可救遏，皆自王利之一言启之也。利中必然之害有如此者，何取而冒为之乎？若夫王好仁义，则大夫士庶亦化之，而争为仁义，自不遗后其君父，即为君父之利矣。仁是本心之德之爱，爱莫先于爱亲，亲乃生我者，为一体同气之分。故爱之最先，未有不爱其亲而爱他人者。义是本心之宜之敬，敬莫先于敬君，君乃治我者，为父母之宗子。故敬之最先，未有不敬其君而敬他人者。是则许多安富尊荣的大功大利，皆自王仁义之一念教之也。仁义中自然之利有如此者，何惮而不为之乎？虽然，此犹为第二义，孟子姑就惠王略下言之耳。设使当时惠王能继其指，再问之曰："愿闻利何以有此害？仁义何以有此利？"则将应之曰："人只有一个心，曷尝有义利两个心来？但一念得其正时，则为仁义之心，一念不得其正时，则为功利之心。利心生于物我之相形，在躯壳上起念头；仁义之心生于物我之同体，在本体上起念头。物我同体，则痛痒相关，焉得不急先君父？物我相形，则利己害人，利害相攻，贼灭无伦，焉得不至弑夺？此又义利得失吉凶之几，祸福之门也。"惠王闻之，未必不悟其本心，达天德以行王道，朝秦楚莅中国而抚四夷，其自然之功利孰大哉？惜乎其不能问，终于危亡而不悟也。噫！斯理也，孟子盖得之曾子，曾子得之孔子。故《大学》曰："此谓国不以利为利，以义为利也。"《论语》曰："放于利而行，多怨。"又曰："君子喻于义，小人喻于利。"利义之分，其初萌于一念之微，其终至于为君子小人，如水火冰炭相反。德之存亡，家国之废兴，天下之安危，民生之利病系焉，可不谨哉？今日为学只在体认天理，为千古圣贤心法之要。这个天理即是仁义，自尧舜至于途人一也，完完全全，人人固有。只为利欲为心之贼，必按伏此贼，乃有进步处，而生理自不可遏。所谓人欲之残贼者，今之累心于科举爵禄者是也。学者诚笃志于德业，则举业不期好而自好。董子曰："正其义不谋其利，明其道不计其功。"苟事科举，处爵禄而无计功谋利之心，则贼我者反以助我，恶人反为良善，德泽至于利济天下，功及生民，上下与天地同流，岂曰小补之哉！

◎乐民之乐者，民亦乐其乐；忧民之忧者，民亦忧其忧。乐以天下，忧以天下，然而不王者，未之有也。

释读：语见《孟子·梁惠王下》。《格物通》指出，此孟子于雪宫告齐宣王之言也。因宣王有贤者亦有此乐之问，故告之以此言。君民一体，上下一心，为人君者能以民心为己之心，如饱暖安逸，民之乐也，君则见民之乐犹己之乐，而欢欣之情有所不能已焉。民则曰君之乐吾乐也，是愉悦之情同我矣，吾胡为而不乐君之愉悦乎？饥寒劳困，民之忧也，君则见民之忧犹己之忧，而痛悼之情自有所不能已焉，民则曰君之忧吾忧也，是哀怛之情同我矣，吾胡为而不忧君之哀怛乎？夫乐民乐而民乐之，是以一己之乐为天下之乐，非私乐矣。忧民忧而民忧之，是以一人之忧为天下之忧，非私忧矣。夫得民之情是得民心也，得民心是得民也，如是而不王于天下者，宁有是理哉？齐王以雪宫为乐，是乐以一己之私矣。孟子以是告之所以扩天理遏人欲而引之当道志于仁也，足为万世人君审好恶之法矣。

◎梁武帝天监六年（507年）。十月，以徐勉为吏部尚书。勉精力过人，虽文案堆积，坐客充满，应对如流，手不停笔。又综理百氏，皆为避讳。尝与门人夜集，客虞暠求詹事五官。勉正色曰："今夕止可谈风月，不可及公事。"人咸服其无私。

释读：《格物通》指出，冢宰之任不在多，能一公足矣，又何必精力应对为哉？惟公也，故好恶以正，而邪正自明。建官惟贤，位事惟能，若徇私情，则不贤者进而贤者退，天下岂有不乱哉？徐勉持正于梁武之朝，而却虞暠之请，其与李朝隐（字光国，官历唐高宗李治、女皇武则天、中宗李显、睿宗李旦、玄宗李隆基五朝）之裁抑侥幸，贾黯（1022—1065，字直孺，以直言敢谏闻名）之斥桑泽（桑泽任益州推官时父留乡里，已死三年，欺上说不知而调京师。贾黯闻知立即奏劾，后废桑泽终身），皆可以为吏部之法矣。

◎唐太宗贞观二年（628年）。正月，帝谓魏徵曰："人主何为而明？何为而暗？"对曰："兼听则明，偏听则暗。昔尧清问下民，故有苗之恶得以上闻；舜明四目达四聪，故共鲧驩兜不能蔽也；秦二世偏信赵高以成望夷之祸；梁武帝偏信朱异以取台城之辱；隋炀帝偏信虞世基以致彭城阁之变。是故人君兼听广纳，则贵臣不得壅蔽，而下情得以上通也。"帝曰："善！"

释读：《格物通》指出，帝王之御天下，立于至公至明而已矣。惟公故能兼听，惟明故能遍照，其要在人君之一心尔。心存天理则公，公则明，明则耳目不蔽于近习。故《书》曰："视远惟明，听德惟聪。"（《尚书·太甲中》）太宗问明暗之辨，而魏徵有兼听偏信之对，可谓当矣。使太宗能因徵之言反求于学，存天理之公以明诸心焉，则何隐弗烛？何远弗届乎？

◎唐太宗贞观八年（634年）。十二月，中书舍人高季辅上言：“外官卑品犹未得禄，饥寒切身，难保清白。今仓廪浸实，宜量加优给，然后可责以不贪，严设科禁。”

释读：《格物通》指出，士之入官则不可并耕而食矣，是故禄以代其耕也。抱关击柝（tuò）者皆有常职以食于上，古之制也。唐有官而无禄，岂设官之道邪？忠信重禄所以劝士，上之劝之者未至，而欲士之不贪岂可得乎？故禄以养其廉耻之心也，廉耻兴而百官正，百官正而天下之治无难矣。

◎程颢曰：“大凡出义则入利，出利则入义。天下之事，惟义利而已。”

释读：《格物通》指出，先儒张栻云“义利霄壤之判”。夫义利相去虽远甚也，实始于一念之间尔。一念之义利非难辨也，一心邪正之间耳。苟能知其为义而充之，则凡可以福天下者无不至也；苟知其为利而充之，则凡可以祸天下者无不至也，而家国之废兴存亡见矣。故人君不可不学，学莫先于义利之辨。

◎程颐曰：“公则一，私则万殊。人心不同如面，只是私心。”

释读：《格物通》指出，心一也，而不同者，非心之本体然也。程颢云：“人能将身在天地万物中作一例看，多少快活。”是故天体万物而无外，圣人体万民而不私，私心亡而万殊一矣。故宋儒叶采亦曰：“公则万物一体，私则人己万殊。”其知此矣。是故君子之道莫大乎公溥。

◎国朝吴元年。五月，置福建行省，以福、汀、漳、泉、建宁、邵武、兴化、延平八府隶之，命中书省参政蔡哲为参政。太祖谕之曰：“君子立身行己，莫先于辨义利。夫义者保身之本，利者败名之源，常人则惟利是趋而不知有义，君子则惟义是守而竟忘乎利，此所以异于常人者也。福建地濒海，民物富庶，番舶往来，私交者众，往时官吏多为利诛，陷于罪戾。今命卿往，必坚所守，毋陷其非。”哲对曰：“臣以菲薄叨承恩命，敢不尽公以报？”太祖曰：“公即无私，义之谓也；私即亡公，利之谓也。要公之一字，亦未易言。此心如止水明镜，无分毫私意累之，然后揆事度物，廓然无滞。若使胸中微有芥蒂，即不得为公矣，卿宜勉之。”

释读：訹（xù），诱也。《格物通》指出，太祖高皇帝谕蔡哲之命，先之以义利公私之辨明其几也，终之以止水明镜之喻明其体也，可谓深得心学之要者矣。仰惟我皇上当以圣祖为法，而诸臣亦当以蔡哲为法，则君臣咸有一德，而治化成矣。

◎洪武四年（1371年）。五月丁巳，以李守道、詹同为吏部尚书，太祖谕之曰：“吏部者，衡鉴之司。鉴明则物之妍媸无所遁，衡平则物之轻重得其当。盖政事之得失在庶官，任官之贤否由吏部。任得其人则政理民安，任非其人则瘝官旷职。卿等居持衡秉鉴之任，宜在公平以辨别贤否，毋得庸庸碌碌充位而已。”

释读：《格物通》指出，《尚书·周书·周官》：冢宰“统百官，均四海”。今之吏部即其职也，其任最重，必得人以司之。则任官惟贤惟能，而天下治矣；不得其人，则贤否倒置而天下乱矣。人主诚不可不慎择之也！太祖高皇帝谕吏部尚书，以衡鉴为言，真切至矣。夫鉴者，必其本体之明，衡者，必其本体之平，然后能举以定乎物之妍媸、轻重也，否则我先不平、不明，何以正物哉？所谓明、平者，非他也，在于吾心也。

六、正心·主敬

嘉靖二年（1523年）五月二十一日，湛若水上《乞上下一心同济圣治疏》云：

夫天下一大舟也，治乱安危，未有津畔，犹济大海也。本在人主之一心，犹夫舟之舵也；公卿贤士辅导之臣，运筹指方，犹夫舟之有长年三老；百僚宣力，犹夫篙师榜人为之左右也；内臣外戚，犹夫附舟之人也；天下民庶，实为邦本，犹夫君之宝货在载也。故附舟之人与宝货之利害，在舟之安危；舟之安危，在舵之弛张；舵之弛张，在长年三老之操纵而篙师宣力与否也。故舟危则凡在舟者无不危，舟安则凡在舟者莫不安。盖有恃宠坏法以败人国家，如同舟之人凿舟而破之，自以为安，而鲜不先溺者，如先朝之迹而不知鉴也，可谓智乎？故欲济中兴之善治者，莫若正君心；欲正君心者，莫若亲近辅导知学之臣。伏乞陛下察同舟之义，讲学以正心，亲礼大臣，听用科道百僚以辅理，戒谕左右亲幸之人，使勿坏事凿舟以自溺，则内外臣庶咸有济于无涯之福矣。臣非纠劾之官，然在以学术开导人主，诚有所见，不敢不陈。

嘉靖十年（1531年）十一月二十七日，湛若水时任礼部左侍郎，其《进发明圣学疏》云：

臣前于十月内所陈王道天德本于慎独者，非他也，即圣训所谓“敬一”是也。臣闻帝王之学，一贯而已矣。一贯者非他也，心事合一之谓也。故一则无事矣，一则易简而天下之理尽矣。尧之授舜，舜之授禹，曰：“惟精惟一，允执厥中。”故精则一矣，一则中矣。自天子以至于庶人，同此一条贯而已耳。故孔子告曾子、子贡，一则曰：“吾道一以贯之。”二则曰：“予一以贯之。”及其告樊迟曰：“居处恭，执事敬，与人忠。”是亦一贯也。由是观之，论语二十篇之中，无非一贯之义，无非心事合一之学也。仰惟皇上天纵生知，默契道体，继天立极，作民君师。御制《敬一箴》，垂示远迩，所以惠教天下后世者至矣。臣自在南京以至于今，常口诵心惟而佩服焉。凡至士大夫之家，有悬于堂壁者，过则必趋，坐则避席，未尝敢背焉。诚信之如蓍龟，敬之如神明，尊之如上帝之临也。盖斯理也，实有以深契乎尧、舜以来相传精一执中之指，一篇之中，反复详尽，帝王之大道复明于天下，皎然如日月之丽天，如江河之行地，有目者所共知，百世以俟圣人而不惑也。至于序文首云：“敬者，存其心而不忽之谓也。一者，纯乎理而不杂之谓也。”此二言者极为明切，又默契乎孟子必有事焉而勿正，心勿忘，勿助长之指也。虽然，圣谕之懿，夫人莫不知之，至于“敬一”二字之相为功用，夫人未必皆知也。臣愚请得以愚见少发明之。夫所谓纯而不杂，即天理也。孟子所谓必有事焉者，即此也。存心不忽，即敬以体认夫天理者也，即孟子勿忘勿助之谓也。夫忘则不及，助则过焉，皆非所谓存心不忽也。宋儒程子曰：“勿忘勿助之间，乃正当处也。”谢显道亦曰：“既勿忘又勿助，恁时节，天理见矣。”然则二子之言，直足以发孟氏之指，而孟氏之言，真足以扩千古圣人言敬未发之蕴，而我皇上实深吻合焉。夫一者天理也，敬者勿忘勿助以体认乎天理，令有诸己焉者也。是故《敬一箴》有曰：“匪一弗纯，匪敬弗聚。”则敬一之相为功用，已章章乎明矣。故日用之间，随时随处，随动随静，存其心于勿忘勿助之间，而天理日见焉。有诸己之谓信，充实之谓美，充实而有光辉之谓大，大而化之之谓圣，圣而不可知之之谓神。所存者神，所过者化，上下与天地同流，而帝王之盛德大业尽于此矣。何以言之？夫圣人之德业皆原于性情，常人之性情莫切于喜怒。请试以喜怒明之。孔子曰：“不迁怒，不贰过。”箕子曰：“无有作好，遵王之道，无有作恶，遵王之路。”夫喜怒好恶纯乎天，故其存神之妙，与天地合，斯之谓盛德。是故心存而喜，则喜纯乎理，而天下之心同喜；心存而怒，则怒纯乎理，而天下之心同怒。故古之圣帝明王，一好足以劝天下之善，一恶足以惩天下之恶。是故不赏而民劝，不怒而民威，故其过化之神与天地准，斯之谓大业，引而伸之，触类而长之，夫然后前圣一贯之指，心事合一之学，而我皇上敬一之功用可尽也。

◎人心惟危，道心惟微，惟精惟一，允执厥中。

释读：语出《尚书·虞书·大禹谟》。《格物通》指出，此乃帝舜传授大禹以心学也。心者，人之精神、虚灵知觉者也。顷刻之间，于躯壳上起念，血气用事，即谓之人心。顷刻之间，于义理上起念，德性用事，即谓之道心。故程颢曰人心人欲、道心天理是也。（参《二程遗书》卷十一“人心惟危，人欲也；道心惟微，天理也”以及卷二十四“人心私欲故危殆；道心天理故精微”。）危者，危言危行之危，言大也。微，犹灭也。惟危惟微二句相因，说天理人欲不容并立，人欲长一分则天理消一分，故人心日以长大，则道心日以微灭。精以察见此理，即学问思辨之事，属知；一以存养此理，即笃行之事，属行。知行并进，即执中之功夫。中即此天理是也。天理则不偏不倚，无过不及，故谓之中。允，信也。执，谓有之于己之意。信有诸己，则与中道而一矣。故曰“惟精惟一，允执厥中”。尧之传舜，只曰允执厥中，知行混合，体用一原，以圣授圣，故不待言功夫也。至是舜传禹，始有人心道心、惟精惟一之说，则又推执中之功夫言之，此万世心学之源，于人君圣学最为切要。自后言建中建极，言博约一贯，言止至善格物，言学问思辨笃行，言集义养气，言诚言敬，皆本于此。舍此则人欲横流，天理灭绝，虽有天下，不能以平治矣。惟圣明留意焉。

◎艮其背，不获其身；行其庭，不见其人。无咎。

释读：此《易经》艮卦卦辞。《格物通》指出，艮，止也。背者，一身之止者也。艮之止者，必如背之止，斯为止之至也。夫性之至善无间动静，然人心于止之时则皆至善，天理斯存；动而有不善，而天理灭矣。故君子之学，动静皆定。所谓艮其背，则止其止矣。然必内外两忘，人己不见，然后能止。故不获其身，内忘己也；不见其人，外忘人也。内外两忘，则澄然无事矣，夫然后能止。虽然，不获其身，必获其理也；不见其人，必见其理也。《记》曰：“知止而后有定。”（《礼记·大学》）定则天理纯全，何咎之有？正心之功，此其至矣。

◎隐公元年（前722年）。

释读：此《春秋》经文。《格物通》指出，此鲁惠公既没，隐公嗣位之始年也。春秋谓一为元者何？宋儒胡安国曰：元即仁也。仁，人心也，所以明君用也。盖乾元资始、坤元资生者，天地之用也，人得是元以生。仁也者，心之生理，浑然万物一体者也。大君者，天地之宗子，而勿忘勿助正心体元者，所以为治天下国家之本也。本正则乾坤合德，而百官万民莫敢不一于正矣。春秋纪元，所以开万世心学之源也欤！

◎桓公十五年（前697年）。春二月，天王使家父来求车。

释读：此《春秋》经文。《格物通》指出，《春秋》书天王使来求车，讥侈心，失王度也。夫遣使需索之谓求。命车命服，天子所以锡于臣下也，桓王天下之共主，以丧事来求货财，已为不可，况车服乎？所以然者，以侈心一动，莫为防制，颠倒迷惑，冠履为之倒置，而王室衰乱，莫能救也。然则心之正不正，岂小故哉！

◎子曰："回也，其心三月不违仁，其余则日月至焉而已矣。"

释读：语出《论语·雍也》。《格物通》指出，仁者，心之生理也。程颢所谓心如谷种，仁则其生之性是也。仁未尝与心判为二物也，蔽于邪私则心为人心，而天理灭矣，故违而二之。颜子克已故礼复，礼复则天理流行，与心为一，故曰不违仁。三月，言其久也，久于仁也。其余日月至焉者，盖或一月之内存乎仁，或一日之内存乎仁，不能如颜子之久矣。如谓必日月而后一至焉，岂圣门之贤之学哉？先儒谓颜子有王佐之才，观其心不违仁，是有天德矣。有天德便可以语王道，此颜子所以为王佐乎！伏惟圣明取颜子之学，以志仁为要，尤博求天下学颜子之学者以为辅，则君臣咸有一德，而王道成矣。

◎子绝四：毋意、毋必、毋固、毋我。

释读：语出《论语·子罕》。《格物通》指出，此圣门心学之要。门人记圣人之所以教人者，即子以四教之意也。夫心之本体无一物也，如天地之至公，有物则非本体矣。张载曰：四者有一焉，则与天地不相似。四者在人，相为终始，有则俱有，无则俱无。惟圣人之心，廓然大公，物来顺应，故无四者之病也。然此不曰无，而曰毋者，盖常以禁止学者之辞也。学者诚能体认天理，不以己与物，克去四者之私，不为本体之累矣。故程颢曰：敬则无己可克，始（则）须绝四。又曰：意、必、固、我既亡之后，必有事焉。夫四者既亡，则天理自见，是谓有事；否则虽强无之，且将失于空虚，流于异学，而何可以入道哉？此学者所当自究竟也。

◎养心莫善于寡欲。其为人也寡欲，虽有不存焉者，寡矣；其为人也多欲，虽有存焉者，寡矣。

释读：语出《孟子·尽心下》。《格物通》指出，心之本体即天理也，欲害之，故失其本体尔。庄周曰："其嗜欲深者，其天机浅。"夫欲去一分则理存一分，欲去十分则理存十分，而心之本体正矣。周敦颐曰："圣可学乎？曰：可。有要乎？曰：一为要。一者无欲也。无欲则静虚动直。静虚则明，明则通；动直则公，公则溥。明通公溥，庶矣乎！"（《通书》）然则志于圣学者，必自寡欲以去其害心者，然后可也。

◎昭公二十五年（前517年）。宋公享昭子，赋《新宫》。昭子赋《车辖》。明日宴，饮酒，乐。宋公使昭子右坐，语相泣也。乐祈佐，退而告人曰："今兹君与叔孙，其皆死乎？吾闻之：'哀乐而乐哀，皆丧心也。'心之精爽，是谓魂魄。魂魄去之，何以能久？"

释读：此《左传》文。《格物通》指出，哀乐，情也。情者，心之发也。敬也者，其操之之要乎？敬存则心存，心存则情正，情正则哀乐之发各当其可，初非有意为之也。宋公之与昭子，当宴而泣，其得哀乐之正乎？心有不存焉，故尔。宋儒朱熹曰："凡人之病皆可治，惟心病则难。"幸毋陷于心病，使无下药之理哉！

◎人臣之行有六正六邪。行六正则荣，犯六邪则辱。荣辱者，祸福之门也。贤臣处六正之道不行六邪之术，故上安而下治，生则见乐，死则见思。

释读：此刘向《说苑》文。《格物通》指出，六正者，曰圣曰良曰忠曰智曰贞曰直，善虽不同，同归于治也。六邪者，曰具曰谀曰奸曰谗曰贼曰亡国，恶虽不同，同归于乱也。故与治同道，罔不兴；与乱同事，罔不亡矣。君子小人分而治忽见矣，则何以辨之？曰自君心好恶始。故人君之心能公则明，明则邪正不混矣。故臣之事君当正其术，君之取臣当正其心。

◎唐太宗贞观十七年（643年）。上谓侍臣曰："人主惟有一心，而攻之者甚众。或以勇力，或以辩口，或以谄谀，或以奸诈，或以嗜欲，辐凑攻之，各求自售，以取宠禄。人主少懈，而受其一，则危亡随之，此其所以难也。”

释读：《格物通》指出，人君以正心为本，一心正则群邪不入矣。人心危而道心微，一有不正，则乱亡相随。太宗盖知之矣，虽然，卒未闻其有大学正心之道，治不三代，何足怪哉！

◎宋儒周敦颐曰：“见其大则心泰，心泰则无不足，无不足则富贵贫贱处之一也，处之一则能化而齐，故颜子亚圣。”

释读：《格物通》指出，大指天理而言。曾点、漆雕开已见大意，正谓此也。泰，舒也。化，即所过者化之化。理无富贵贫贱之殊，能化其富贵贫贱之念，则与道一，而去圣不远矣，故曰亚圣。夫心广大高明，天理浑然，何尝不泰？人人皆有，惟颜子之心不违仁，故能见之分明，而外物不累，故能化而不滞，此所以能亚于圣也。学者知其大，皆我固有，而随处体认天理焉，此入圣之门也。

◎圣人尽性，不以见闻梏其心，其视天下无一物非我。

释读：此张载《正蒙·大心》语。《格物通》指出，人心广大，天地万物同体者也。见闻之念起于躯壳之私，则广大之体蔽，而身外皆非我矣。圣人尽己之性以尽人之性，尽人之性以尽物之性，以其性一也。其视天下无一物非我也，是之谓见大。见大则小不足以梏之矣。

◎人病其以耳目见闻累其心，而不务尽其心，故思尽其心者，必知心所从来而后能。

释读：此张载《正蒙·大心》语。《格物通》指出，心者人之神明，无所不知，无所不能者也，惟求道于耳目闻见之际，而神明之体始累，于是乎有不知不能也。见闻何贵于人哉？惟曰尽心焉尔矣。尽心者，廓去其私，则本体圆全，而心所从来可不求而知矣。若复求心之从来，则玄矣。

◎求心之始，如有所得。久思则茫然复失，何也？夫求心不得其要，钻研太甚，则惑。心之要，只是要平旷，熟后无心。

释读：此张载《经学理窟》语。《格物通》指出，张载所谓平旷，即勿忘勿助之间也，得此则得其理矣，失此则失其理矣。故茫然而失者谓之忘，钻研太过者谓之助，过犹不及尔。学者于勿忘勿助之间，而平旷自然之气象自见矣。

◎正心之始，当以己心为严师，凡所动作则知所惧。如此一二年间，守得牢固则自然心正矣。

释读：此张载《经学理窟》语。《格物通》指出，人心之失，事迁之也。惟执事敬则心事合一，而本体立矣，本体立，则视听言动无往而非本体之发，夫恶得而放之？夫人之心不可欺也，知其不可欺，恒若严师之存，而本心无不正者矣。

◎蓝田吕氏论心曰："如衡之平，不加以物；如鉴之明，不蔽以垢。乃所谓正也。"

释读：《格物通》指出，圣人之心与天地相似，何有不正？常人之心有滞于忿懥（zhì）、好乐、恐惧、忧患，故与天地不相似，而鉴空衡平之体亡矣。正之之功何如？曰敬而已矣。是故人君一敬立而万事出，天下治矣。

◎五峰胡宏曰："造车于室，而可以通天下之险易；铸鉴于冶，而可以定天下之妍丑。盖得其道而握其要也。治天下者，何独不观乎此，反而求诸身乎？是故一正君心，而天下定矣。"

释读：《格物通》指出，物皆有要也，何独至于人而疑之？夫帝王之业本诸道，帝王之道本诸心。是故心也者，天下之大本也。大本立，达道行焉，王业以建，而天下之能事毕矣。孟子曰："君仁莫不仁，君义莫不义，君正莫不正。"故为人君者，莫先于讲明正心之学。

◎洪武十八年（1385年）。五月辛酉，朔。上御华盖殿，文渊阁大学士朱善进《读心箴》毕。上曰："人心道心有倚伏之几，盖仁爱之心生则忮害之心息，正直之心存则邪诐之心消，羞恶之心形则贪鄙之心绝，忠悫之心萌则巧伪之心杜，故人常持此心，不为情欲所蔽，则至公无私，自无物我之累尔。"

释读：湛若水《新泉问辩录》云："商纣之暴也，周幽之懦也，性之偏也。使其自孩提之时，即得圣人而教之，不习于形体之私而荡其心焉，其恶未必如是之甚也。惟其不知尧、舜之道也，是以声色货利之欲，群聚而诱之。夫以偏胜之性，而驰骛于形而后有之私，所以为天下大戮也。是故君子之养其性也，修其禀受之偏，而原于天者全矣；克其形体之私，而蔽于物者昭矣。斯二者皆所以求性之中也。"其《格物通》指出，天理人欲不容并立，此盛则彼衰，乘除之理然也。我皇祖谕学士以人心道心倚伏之几，其深得帝王精一之传乎！夫心一而已矣，纯乎天真谓之道心，杂以人伪谓之人心，人心之得其正即道心，道心之失其正即人心，非有二也。仁爱、正直、羞恶、忠悫（què）之心，皆天理也；忮害、邪诐、贪鄙、巧伪之心，皆人欲也。天理日进则人欲日消，人欲消尽则纯是天理，化之者为圣人，故君子之学在随处体认天理而已矣。千圣千贤之贯也。此圣祖实开一代心学之原也。

◎国朝太祖造观心亭于宫城上，亲幸其中，召学士宋濂，谓曰："人心虚灵，乘气机出入，操而存之为难，朕罔敢自暇自逸？譬鱼之在井，虽未免乎跳踯，终不能度越范围。况有事于天地庙社，尤用祗惕。致斋之日，必端居亭中，返视却听，上契冲漠，体道凝神，诚一弗二，庶几将事之际，对越在天，洋洋乎如临其上。卿为朕记之，传示来裔，咸知朕志，俾弗懈愈虔。

释读：湛若水《雍语》记："陈生问：'纯心何谓也？'甘泉子曰：'其犹夫金之精乎！金之不精，有或杂之，非复金之初矣。今夫金，时时而炼焉，日日而炼焉，久则精金尔矣。又何待于外求？''敢问乎炼之法？'曰：'敬。'"其《格物通》指出，人心虚灵，常在也，蔽之若出，觉之若入，故在操舍而已。皇祖造亭宫城，扁曰观心，亲幸体认，齐一于斯，即成汤铭盘之意也。有事于天地庙社，致齐亭中，返观却听，上契冲漠，洋洋如见，即文王昭事之敬也。惟其操心诚一弗二，此所以应天顺人，肇造鸿业，以开万世之太平，善于己而垂诸后，其佑启之意深矣。圣嗣尚当以皇祖之心为心，存养于未事之先，廓然大公，静则定矣；及事物之来，随感顺应，动亦定矣。如是则皇祖之心岂不在我，而皇祖之绪岂不永之于无穷也哉！

◎永乐二年（1404年）。八月，翰林学士解缙等进呈《大学》正心章讲义，太宗览之至再，谕缙等曰："人君诚不可有所好乐，一有好乐，泥而不返，则欲必胜理。若心能静虚，事来则应，事去如明镜止水，自然是天理。朕每退朝默坐，未尝不思管束此心为切要。又思为人君但于宫室、车马、服食、玩好无所增加，则天下自然无事矣。"

释读：湛若水《雍语》云："人之心也，其犹镜乎！镜之明也，自然照物矣。心之明也，自能应物矣。学问思辨笃行，所以存养其知觉，其犹磨镜之工云尔。"其《格物通》指出，心之本体无一物也，忿懥、恐惧、好乐、忧患四者皆私也。而有一焉，即失其本体，而心不正矣。人君居崇高之位，好乐尤为害心，不可不深戒也。太宗文皇帝因解缙等讲大学正心章，而尤以好乐为戒，真可谓知正心之先务者矣。又以虚静应物比之镜水，自然天理，诚至论也。夫天理二字，千圣千贤之大头脑也，人君于心得其正时认取，则天理见矣。涵养而扩充之，则王道不外是矣。宋之人主乃厌闻正心诚意之说，无怪乎国祚之不竞也。惟圣明以尧舜禹汤文武之资，求尧舜禹汤文武之心学，当近以祖宗正心之论为的。幸甚！

七、诚信·感应

◎桓公三年（前709年）。夏，齐侯、卫侯胥命于蒲。

释读：此《春秋》经文。《格物通》指出，《春秋》书"胥命于蒲"，褒齐僖、卫宣不事盟誓，以言而相结也。是役也，或曰尊王，或曰推伯，其事之是非不暇论矣，独谓春秋之时大道隐而盟誓兴，忠信薄而人心疑，约剂乱而交质之风成，乌有如二国之君一言取信邪！卫献公言于甯喜，求复国，喜曰："必子鲜在，不然必败。"小邾射以句绎奔鲁曰："使季路要我，吾无盟。”子鲜、季路，言出而人服，庶几胥命之遗风也。呜呼！春秋非古也，而古道犹存。以是知天理之在人心，不以古今殊也。人君敦信修道，得人心之同然，言而世为天下则矣。

◎唐德宗建中四年（783年）。十一月。陆贽上疏曰：“唯信与诚，有补无失。一不诚则心莫之保，一不信则言莫之行。陛下所谓失于诚信以致患害者，臣窃以斯言为过矣。”又曰：“驭之以智则人诈，示之以疑则人偷，上行之则下从之，上施之则下报之。若诚不尽于己，而望尽于人，众必怠而不从矣。不诚于前，而曰诚于后，众必疑而不信矣。是知诚信之道不可斯须而去身。愿陛下慎守而行之有加，恐非所以为悔者也。”

释读：湛若水《天华书院讲章》云：“诚只是一个诚，只是一个天理，实理如何言天下至诚？盖言圣人尽此实理，不二不杂，纯而不息，天下一人而已，故曰天下至诚。至诚则性自尽，诚与性一也。以心而言谓之诚，以理而言谓之性，性即理也。”其《格物通》指出，孟轲有言：“至诚而不动者，未之有也。不诚，未有能动者也。”（《孟子·离娄上》）诚也者，达上下，通人己，合前后而一之者也，故感应之妙有不期然矣。人君特患未诚尔，乌有诚而不能感人者哉？德宗反谓失于诚信以致患害，何其谬邪！陆贽因言规正，可谓引君当道，志于仁者矣。惜乎德宗以不诚之资而不能从，是无怪乎其有天下不能一朝居也。

◎荀卿曰：“养心莫善于诚。”周敦颐曰：“荀子元不识诚。”程颢曰：“既诚矣，心安用养邪？”

释读：《格物通》指出，皆一心也。自其生理而言谓之性，自其实理而言谓之诚，自其主一而言谓之敬，自其极实无妄而言谓之至诚。孟子曰：“诚者天之道也，思诚者人之道也。”学至于诚，极矣。诚心又何假于养？敬者所以至乎诚者也。荀卿惟不识诚也，故有养心用诚之说；不识性也，故有性恶之说；不识性与诚，是不识心也。非二物也，是故知性则知诚矣，知诚则知心矣，故君子之学莫先于知心。

◎天理一贯，则无意、必、固、我之凿。意、必、固、我，一物存焉，非诚也。

释读：此张载《正蒙·中正》语。《格物通》指出，意、必、固、我，私心也，非广大高明之本体也。天理见则私心亡，此盛则彼衰，消长之理也。孔子之戒门弟子以绝四，毋意、必、固、我，正心之功斯其至矣。张载乃推原于天理，又发前人所未发也。四者绝而天理全，则诚可复矣。不然则强制之，犹为克伐怨欲不行焉尔，何足以语诚哉！

◎子曰："下之事上也，不从其所令，从其所行。上好是物，下必有甚者矣。故上之所好恶不可不慎也，是民之表也。"

释读：出自《礼记·缁衣》。《格物通》指出，好恶者不必行劝惩于天下，而天下从违而趋避之者也。盖天下之民同此心也，同此情也，则亦同此好恶也。上感而下应，盖有不赏而民劝，不怒而民威者矣。

◎赧王三年（前312年）。燕昭王谓郭隗曰："齐因孤之国乱而袭破燕，孤极知燕小力少，不足以报，然诚得贤士与共国，以雪先王之耻，孤之愿也。先生视可者，得身事之。"隗曰："古之人君有以千金使涓人求千里马者，马已死，买其骨五百金而返。君大怒，涓人曰：'死马且买之，况生者乎？马今至矣！'不期年，千里之马至者三。今王必欲致士，先从隗始。况贤于隗者，岂远千里哉？"于是昭王为隗改筑宫而师事之，于是士争趋燕。乐毅自魏往，剧辛自赵往。昭王以乐毅为亚卿，任以国政。

释读：出自《资治通鉴·周纪三》。《格物通》指出，天下之风，感应而已矣。故人君好贤则天下之贤应之，人君而好佞则天下之佞亦应之。故人君好贤恶佞，则其感应之速，不旬月而风天下矣。燕得乐毅破齐，以雪先人之耻，盖由燕王之师郭隗以风动之也。况有道之君能以所知之贤才而善用之，则四海之贤风动响应，皆有帝臣之愿不期然而然者矣，天下何难于治哉！

◎象山陆九渊曰："燕昭王之于乐毅，汉高帝之于萧何，蜀先主之于孔明，苻秦之于王猛，相知之深，相信之笃，这般处所，不可不理会。读其书不知其人可乎？”

释读：《格物通》指出，九渊之言引而不发，不过是上下之道感应而已矣。感应之道不可强也，其心一也，其理一也，夫然后能感应。《易》曰：“同声相应，同气相求。水流湿，火就燥，云从龙，风从虎，圣人作，而万物睹。”故四君之于四臣盖相得于感应。感应盖本于一心一理、同声气者也。《易》曰“上下交而其志同也”，其可以声音笑貌为之哉？君相之道其深矣，可不念乎！湛若水《洪子问疑录》中也有答学生问曰：“天下古今只是感应而已矣。何以感之即应，疾于影响？宇宙内只是同一气、同一理，如人一身，呼吸相通，痛痒相关，刺一处则遍身皆不安。又如一池水，池中之鱼皆同在此水，击一方则各方之水皆动，群鱼皆惊跃。此与孔子梦周公同，以其气一理一也，否则何以能感应？此可以知道。”

◎禧问读书之益。甘泉子曰：“学于古训，自傅说以来孰能废之？然而天下之善读书者寡矣。《易》曰：‘多识前言往行以畜其德。’识，其知也，所以开发其聪明也。周子曰：‘圣贤之训，入乎耳，感乎心。’所以扩其知也。若夫从事事而记焉，则今之从事口耳者与！是故古昔圣贤之经书礼乐也，皆所以培养乎此也。夫然后能开发其知识，感通其义理。夫非由外得之也，我固有之也，藉是焉以开发感通之耳。昔舜居深山，及闻人善言，见人善行，若决江河，沛然莫之能御也，其感应之速焉，何也？以此心固有之也。”

释读：出自湛若水《二业合一训》。湛若水于此提出，读经史书的益处在于开发本心之感通力。

第三章
修身为本　知行并进

总纲

◎大学之道，在明明德，在亲民，在止于至善。知止而后有定，定而后能静，静而后能安，安而后能虑，虑而后能得。物有本末，事有终始，知所先后，则近道矣。古之欲明明德于天下者，先治其国，欲治其国者，先齐其家，欲齐其家者，先修其身，欲修其身者，先正其心，欲正其心者，先诚其意，欲诚其意者，先致其知，致知在格物。物格而后知至，知至而后意诚，意诚而后心正，心正而后身修，身修而后家齐，家齐而后国治，国治而后天下平。自天子以至于庶人，壹是皆以修身为本，其本乱而末治者，否矣。其所厚者薄，而其所薄者厚，未之有也。此谓知本，此谓知之至也。

释读：湛若水《泗州两学讲章》云：夫圣人之学，心学也。如何谓心学？万事万物莫非心也。《记》曰："人者天地之心。"人如何谓天地之心？人与天地同一气，人之一呼一吸与天地之气相通为一气，便见是天地人合一处。且如我越宣圣数千载，诸君、诸师长、诸生又与我相越数千里，我之心因何竭诚来拜宣圣之庙庭？尔诸师长、诸生之心，又因何翕然而来迎我？又不是有所驱逼而来，又不是有为而来，盖以其此心同一个心，是以翕然感应耳。何以言之？人者，天地之心也。天地与人同一气，气之精灵中正处即心，故天地无心，人即其心。如月在天，江河沚沼盘水皆是此一个月，以为江河沚沼盘水各是一个月，可乎？尔诸师长、诸生，且谓读书将作何用？盖书即是圣人心中说出的话，故凡人读之使感发其同然之心，入乎耳，感乎心，蕴之为德行，发之为词章，施之为事业。主司读其词，知其德行，又知其他日施之为事业，亦必如此。首言大学之道。大学即是国学，人生十五入大学，教以大人之学。何谓大人？这个大人，即《易》“大人者与天地合其德”的大人。明德即吾心中正之本体，本体未尝昧，人自昧之尔。常存此，昧爽丕显，使无一毫私蔽，这便是明明德。又言亲民，亲则见得与物同体，便痛痒相关，养之教之之心自不能已。又言在止于至善，至善即天理纯粹，便是明德、亲民，体用一原，皆在于此。此三言者皆是一事，非有三事。是至善乃明德亲民之奥，是乃一章之大头脑处。下文只说止至善的工夫。知止是知至善之理到至处。惟其知之深，是以能定静安虑得而行之至，所谓知行并进者也。譬如识宝者自能求之，知刍豢之味者自欲食之，有不能自已者矣。故知之功最先最切最大。这一段知行并进之功，乃止至善之功也。下说“物有本末，事有终始，知所先后，则近道”者，欲人知上文止至善及下格物乃为本始先务之急，以承上止至善之说，起下格物之说也。其下两节，自“古之欲明明德于天下”，逆推本直至格物，又自物格顺驯效至天下平。可见推来推去，皆在格物上致力，为圣学一大头脑，见首节止至善之为独到之地也，格物即止至善也。其后自天子至于庶人一节末，古本有“此谓知本，此谓知之至也”二句，盖以修身申格物，见格物乃以身至之之义，而非闻见之知以为格物也。伊川先生曰：“格者至也，物者理也，至其理乃格物也。”“致知在所养，养知莫过于寡欲。”涵养寡欲皆兼行义，非独徒知，《易》所谓穷理尽性以至于命，亦此意，正与古本《大学》以修身说格物之意同尔。凡圣贤之言，句句皆心中的话，句句皆是切已道理。此一章就是圣人心学工夫，尔诸生读之听之，须是切已思省，精神命脉皆在于此。豁然有悟，非但悟圣人之心，便是自悟尔本心。悟得尔本心，即自得尔天理。即便如此存存不舍，终日乾乾，涵养将去，久则有诸已，便是谓之信。由是充实便是谓之美，充实而有光辉便是谓之大，大而化之便是谓之圣，圣而不可知，则不可言。到了圣人还是这元初天地人同然之心，更无别心。若读书不求自得其心，而以记诵为词章，谋利禄之计，这个心便是穿窬（yú）之心，与天地之心不相似矣。夫人与天地同心同体，参赞位育，与天地配，而乃至于自弃自暴，至于穿窬为伍，岂不可哀哉！

一、读书 · 论学

◎子曰："学而时习之，不亦说乎！有朋自远方来，不亦乐乎！人不知而不愠，不亦君子乎！"

释读：语出《论语·学而》。湛若水《福山书堂讲章》云：人多以开卷第一章为浅近而忽之，殊不知作圣之事已具，为《论语》二十篇之大头脑处，童而习之，白首而不知，岂不可惜！所谓作圣之事已具者，始而成己，中而成物，终而成德。物我同体，上达天德，圣人之道备矣。学字解做觉字，从见为觉，从子为学，其实一也，属知，《中庸》学、问、思、辨之事是也。习字从羽从日，解如鸟数飞，属行，《中庸》笃行之事是也。不具知行，不足以言圣学。本章之字及所学所说皆指天理而言。这天理混然在宇宙内，又浑然在性分内，无圣无愚，无古无今，都是这个充塞流行，人人具有，不须假借于人，人亦不能假借于我。何以言学，言习？盖虽人人具有，为气拘欲蔽，便似不见了，便似失了。殊不知本体自在，能知觉而存习之，则自如，有如宝为尘泥所没，日月为云雾所蔽，一旦云雾消尘泥去，日月宝光自见矣。故圣人之教，必使博学、审问、慎思、明辨以开其知，察见夫天理之真；又必使笃行以恒其所知，造次必于是，颠沛必于是，终食之间必于是。昊天曰明，及尔出王，昊天曰旦，及尔游衍。以时习之，有如鸟之数飞而不能已也。所谓学而时习，真知而实行之者如此。由是而积之之久，浩浩其天，如云雾消而日月明，人人快睹，尘泥去而珠宝光，人人乐观，如何不说！孟子曰："理义之悦我心，如刍豢之悦我口。"况天理者，天之所以与我，我固有之，自学自习，自性自存，而自得自悦，非如珠宝日月刍豢之在外者。故于身外之富贵贫贱，夷狄患难，无入而不自得，则自说矣。说则与天地人己合一同体，陆象山曰："宇宙内事，即己性分内事。"《中庸》尽其性则能尽人之性，尽物之性，而与天地参。故未能成物，则己性分未尽，未得为成己。故学至于说，则德盛而人化之，同声相应，同气相求，远方同志者骎骎而来矣。朋者，同类。善及于众，得以遂吾性分之愿，可以发我本心之说，所谓得英才而教育之，如何不乐？此乐不是乐人从己，乃自有性分之乐也。夫学习而至于说，说而至于乐，则人己两忘，天理流行。人知之亦嚣嚣，而性分不为之加；人不知亦嚣嚣，而性不为之损。故凡天下之不同志者相与非之而不顾，顾吾天理之常存，而不怨不尤耳，其何有于愠乎！学至于是，则成己成物而成德矣。成德者，君子之人学问之极功，圣人之能事毕矣。故愚尝谓君子观其所说乐不愠，而其性可知矣。此一章真圣人吃紧为人处，与大学之明德亲民以至于至善，中庸之戒惧慎独致中和以至于位育，皆同条共贯，其要只在随处体认天理，为始终圣学人己之贯也。今日藏修于家以成己，即他时见用于朝廷而成物，为达天德以辅王道之功用，此固君子之事也。诸君其肯不以君子自期待也乎！

◎子曰："古之学者为己，今之学者为人。"

释读：语出《论语·宪问》。嘉靖丙申八月二十三日，湛若水《九华山中华书堂讲章》云：这章书全在为字上，是圣人分别古今学者之心术，而示人以立心之始的说话。夫古今同此一天地也，同此天地则同此人，同此人则同此心，同此性，而何有古今学者之别乎！盖天地人物无古今，而学者自有古今。此心此性无古今，而为己为人者自有古今。圣人之学，心学也，劈初只看其立心立志何如耳。一念所志，顷刻之间，合下圣愚便别，古今便别，为己为人便别，其终所成亦必如此。譬如树艺者，树以五谷之种，则其萌、其穗、其实，无非五谷之美；树以荑稗之种，则其萌、其穗、其实，亦无非荑稗之恶，自有不可掩者，亦有不可易者。是故学者之要，莫先乎决择于立志之初。初志既审，如识宝者之爱宝，日日亲切，日进日亲。今日志之，明日志之；今年志之，明年志之。将有欲已之而不能自已，虽不期成而自成者矣。何谓初志？其初一念为学之志也。一念之初，便有为己为人之别，便有义利公私之判。何谓义？何谓公？古之学者为己是也。三代之学皆所以明人伦也。明人伦者，尽为人之道也。尽为人之道者，尽己也。心，己之心也；性，己之性也。学、问、思、辨、笃行皆以存己之心，养己之性，是无所为而为。心又不为人而存，性又不为人而养，这便是古之学者为己。何谓利？

何谓私？今之学者为人是也。三代而下，经残教弛，道丧学绝，失了古人为学本意。虽亦从事于学、问、思、辨、笃行，而不知所行者何事。故或流而为词章以媒爵禄，而不知词章爵禄何与于己之心，不过要得意扬扬，欲人观美耳。或流而为功利以夸时人，而不知随世功名何益于己之性，不过沾沾自足，欲人称颂耳。是有所为而为，既以为人观美，又以为人称颂，这便是今之学者为人。夫苟志于为己，则念念在己，有天下而不与，这便是立诚。诚立则遁世无闷，人不知而不愠，可与圣人同归矣。夫苟志于为人，则念念外慕，人之与夺仅如毫毛，而必动心自失，安能无闷？安得不愠？这便是小人，便与夷狄禽兽同归矣。虽同乎人之心性，失其所以为人之道也，岂是其智弗若人？乃其自失之耳。岂不可哀！宋儒程子，又为推广此章之义曰："古之仕者为人，今之仕者为己。"与此实相表里。盖学有为己之实心，则己之性尽，而能尽人物之性。人物之性皆在己性分内事了，其仕也，自不能以不为人矣。学有为人之私心，则凡所以损人害物以益己者，无不为之，其仕也，自不能以不为己矣。夫为己为人皆是一为字，但其萌于一念邪正之间耳。一念之机甚微，极而至于古今圣愚，得失存亡，若天渊之相悬绝，岂非大可畏耶？夫人莫不有一生耳，学者不早自决择而勇为之，至于为小人，为夷、狄禽兽之归，临死时，平生之为人者泯，而天地之性于己者定，未有不悔者，然悔之亦晚矣。兴言及此，不觉为之垂涕饮泣也。夫惟学贵专于为己而已，己立而人归焉。修其天爵而人爵从之，然后人己两尽而天人协应，二者皆得而无复悔尤矣。吾之所可为诸君言者尽之矣，惟诸君其共商榷焉。

◎颜渊喟然叹曰："仰之弥高，钻之弥坚，瞻之在前，忽焉在后。夫子循循然善诱人，博我以文，约我以礼，欲罢不能。既竭吾才，如有所立，卓尔。虽欲从之，末由也已。"

释读：出自《论语·子罕》。湛若水《南昌讲义》云：此是颜子自言其先难后得之故，发圣学之蕴，最是切于学者用功处。夫先难者，难在于不得其学之道也；后得者，在于得其学以至圣人之道也。此章内三之字，及所仰所钻所瞻所忽，皆指天理而言。天理即是圣人之道，岂不以天理之在人心，本自中正，本自自然，不假丝毫人力揣摩思索想象得来，惟不亟不徐，以自然之功夫，合自然之本体，便自有得。颜子学至于是无上事，喟然而兴叹，盖觉寤后语也。何谓“仰之弥高，钻之弥坚”？谓以天理本体为高，用力而仰之，则非如物之高，其高无穷，不可仰而及焉；以天理本体为坚，用力而钻之，则非如物之坚，其坚无穷，不可钻而入焉。何谓“瞻之在前，忽焉在后”？谓天理虽无穷尽，而亦有定体，用力而瞻焉，吾又过之而在其前，既不可见矣；至于进锐而退，怠以忽焉，吾又不及之而在其后，又不见矣。夫仰钻而瞻者，过于用力，失之助固不得；忽焉无所用心，则失之忘，亦不得。过与不及皆非入道之功也。何以“夫子循循然善诱人”？惟吾夫子大中至正之德，立无过不及之教，循循然善诱人。夫循循也者，循循也，不亟不徐之谓也。盖急之则为助，为过，故苦而不入；徐之则为忘，为不及，故甘而不精，皆非教之善、学之善也。是以昔也有仰钻瞻忽之劳，而至高坚前后之彷佛以无得焉。何谓“博我以文，约我以礼，欲罢不能。既竭吾才，如有所立卓尔”？谓得夫子循循不徐不亟之教以教之，以天理流行，粲然于事物典章之文而博之。博之者，博我也，凡所以讲论启发，开其所有而使之知者，无所不至焉。以天理浑全，秩然于吾心本体之礼而约之。约之者，约我也。凡所以收敛熏陶，养其所有而使之行者，无不至焉。所谓我者，我心我性，我之所有也，夫子但博之约之而已。何谓文？何谓礼？在事为文，在理为礼，其实一物也。博以精之，约以一之；博以知之，约以行之；即博即约，即知即行。即精即一，约博同功，知行并进，精一兼致。至于见之愈亲，为之愈力，欲罢不能之心与竭力无余之心合并为一，不疾不徐，望道而趋，然后见夫天之所以与我，我之所以得于天之理，若有卓尔而立，非复高坚前后之彷佛矣，何以虽欲从之而末由？或曰：岂非如二物，以此从彼之谓也乎？颜子如立卓尔，已亲见财宝，犹是见他财宝，未为有之于己，若是有之于己，则不必言从矣。曰：是则似矣，而未知此物是自家与生俱生，本来固有的宝藏，非是别人宝藏。惟是毫忽之间，一为私意所隔，便如二物。《易·系辞下》称颜子“有不善未尝不知”，《论语》称颜子“其心三月不违仁”，则有时违之，而不善者一念之微盖有之矣。安得不动欲从、末由之叹！盖天人之际，飞跃之机，叹已不得如圣人纯亦不已，本心纯是天理充塞，念虑纯是天理流行也。观于子贡曰“得其门者或寡矣”（《论语·子张》），与此章正相合。盖知行并进者，入道之功，循循不亟不徐者，深造之道也。颜子以上智之资，亲炙圣人之门，其始终之叹犹有如此者。愚生也晚，幸得闻教于君子，于勿忘勿助之间，而若得其门以达中正之奥焉。博约知行之功，循循之教，乃圣门至紧要处，舍此更无别门。今或以循循为先博而后约，而不知循循为中正之规；或以博约为今日知、明日行，行即是知，知即是行，而不知博约知行为不可离，又不可混。凡若此者，岂足以语入圣之门哉！夫悲莫悲于失门失路，依依然而莫知所之。诸君其深自猛省，无使失其中正之门，愈趋愈远，终其身而不自悟，徒为失路之人，为有识者所悲也。《格物通》指出，仰、钻、瞻、忽，颜子初以心思想象圣道而无得者也；博文、约礼，颜子得圣教而学之有得者也。孔子曰：“吾尝终日不食，终夜不寝，以思。无益，不如学也。”学在知行而已。博文而曰博我者，开发吾心之良知也，知也。约礼而曰约我者，存养吾心之良知也，行也。皆谓天理也。故自诗书六艺以至于凡理之显设者，皆文也。自三千三百之致一，以至天理之至要者，皆约也。亦岂必既博之而后约哉？随博随约，察见天理而即涵养于身心，博约兼致，知行并进，而皆不离乎我。我者，本心也，天理也，用力之久则天理自然呈见，如有所立，卓然于前矣。欲从、末由，叹未能有之于己也。此章圣人之学，最为切至。希圣希贤者，苟能心颜子之心，学颜子之学，尚何卓尔之地有不可到哉？

◎子曰：“贤哉！回也。一箪食，一瓢饮，在陋巷，人不堪其忧，回也不改其乐。贤哉！回也。”

释读：出自《论语·雍也》。湛若水《独冈书院讲章》云：此固夫子示门弟子以为学之的。颜子之乐即夫子之乐，而孔门之学在此而已。孔门之学只在求本求此而已。仁存则性尽，性尽则自乐，非乐他物，非乐箪瓢陋巷，非在他求，自乐其乐也。此个乐，南面王之乐不足以过之。虽大行不加焉，虽穷居不损焉。颜子自有此乐，故箪食瓢饮，在陋巷，不能改之也。不能改者，不能夺之也。古人有云：“不受天损易。”箪瓢陋巷，天之所损也。惟自有其乐，则天损亦不能夺之也。何居？以其机在我而不在天也。天能与我以乐，而不能夺我之乐也。故夫子称之，始曰“贤哉”，终曰“贤哉”，叹之不足，又重而叹之，所以深致意，而示门弟子以其学之的也。濂溪（周敦颐）得其宗旨，每令二程寻仲尼、颜子乐处，盖示二程以初下手处，不得不如此说耳。要之乐亦无处，寻之何方？惟勿忘勿助之间，而心自存，心存而乐斯得，不待寻，而乐亦无处无时不在矣。若谓以箪瓢陋巷为可乐处，奚啻千里？谓此乐为有形，而想象以寻之，奚啻（chì）千里？

◎樊迟从游于舞雩之下，曰：“敢问崇德、修慝、辨惑。”子曰：“善哉问。先事后得，非崇德与！攻其恶，无攻人之恶，非修慝与？一朝之忿，忘其身以及其亲，非惑与？”

释读：出自《论语·颜渊》。湛若水《青霞洞讲章》云：古人为学皆有头脑，孔门之学，只在求仁，皆是一贯之指，此便是大头脑，非特告曾子、子贡为然也。樊迟所问崇德、修慝、辨惑，便是三个头脑，问得支离了。但三言皆是切已问，难矣而未要。夫子喜其切已而善之，未暇攻其未要处。盖能崇德，则天理存而人欲去，本心清明，慝不待修而自修，惑不待辨而自辨矣。能修慝则人欲去而天理存，本体清明，德不待崇而自崇，惑不待辨而自辨矣。能辨惑则欲尽理还，清明在躬，志气如神，德不待崇而自崇，慝不待修而自修矣。何必崇德后又去修慝，修慝之后又去辨惑，便支离了。或当时有此等名言流传，故樊迟每每以为问，其实一理也。先事后得，此必有事焉之事。先事后又何必寻个后得乎？此即先难后获之意，谓先其所事，而得则不暇计，所谓“正其谊不谋其利，明其道不计其功”。先其事而得则不计，则其心大公无私，而我所得于天之德，自然日新，极于高明矣。攻其恶无攻人之恶亦然。君子之学，正己而不求于人，专心致志，省察克治，略无舍己求人之意。见己之恶，于人之恶则不见，故不暇攻，不攻人之恶，即所以攻其恶者益专，而治己益切，则其恶自然退听，而慝自修矣。人心之蔽皆谓之惑，如此者千绪万端，何独忿而忘身及亲乃为惑乎？盖千惑万惑，蔽失其是非之本心，皆因情炽忿生，迷而不知。莫大之祸起于须臾之不忍，故以一朝之忿忘其身以及其亲言之。夫忘身及亲之祸大矣，萌于一朝之小，所以蔽惑其是非之本心者莫甚于此焉。于此窥破，大者按伏，则小者自明，惑不足辨矣。夫子因樊迟之问，逐条告之，亦因其所明而通之之意耳。若颜子、曾子达一贯之指，便无此问，夫子亦必不告之如此矣。诸生为学须知切要处，须要知头脑，始有下手处，始知易简之道。

◎仁，人心也；义，人路也。舍其路而弗由，放其心而不知求，哀哉！人有鸡犬放，则知求之，有放心而不知求。学问之道无他，求其放心而已矣。

释读：出自《孟子·告子上》。湛若水《会华书院讲章》指出：这章书是孟子备举天理之全体大用，欲人切已体认的说话。何谓切已？人心、人路皆是切于人之身者，其中哀哉二字，最是切于人心猛省处。其曰求放心，最是切于人之用力处。《易》曰："立人之道，曰仁与义。"仁者全体，义者大用。性之而成圣，体之而成贤，会而通之而成身。故仁义者，天地之大德，圣学之极功，舍是则无可致力于学者矣。何谓仁也？仁非甚远难知，即人之心也。恻隐之心，人心也；好生之心，人心也。人心之理，生生不息，此便是仁，故仁即人之本心也。何谓义也？义非甚高难行，即人之路也。以心制事，由体达用，身之所在，义亦在焉。所以为人伦之纲维，庶物之裁制，出入必于斯，往来必于斯，行乎万事万变之间，人虽欲顷刻违之而不可得，此便是义也。故义即人之正路也。在心为仁，天理之全体也；在事为义，天理之大用也。人或顷刻心无所裁制，则天理灭而义亡，义亡便是自舍其路而弗由。人或顷刻心无所存主，则天理灭而仁亡，仁亡便是自放其心而不知求。内则失心，外则失路。失心、失路，自丧其所以为人之道，冥冥然居则不安，伥伥然行则不前，岂非大可哀哉！夫哀莫大于心死，而身死随之。盖叹其可哀之甚，欲人知可哀而自哀。苟知其可哀而自哀，未有不痛哭流涕，自省自艾而不能自已者矣。若自哀自求，反身而诚，则乐莫大矣，何惮而不为乎？然心又为事之本，失其路由失其心，故又推本于心而言之，以为人之本心根于性命，非若鸡犬之为外物者然。今之人有鸡犬放，则知求之，有放心而不知求，爱外物之至轻，而忘夫身心之至重者，岂为难知哉？弗思之甚矣耳。然求放心者，学问而已矣。何谓学问？博学、审问、慎思、明辨、笃行皆学问，所从事于斯者无他，求放心之道，在此而已矣。知以开其心，行以恒其心，知行并进，觉其明，去其蔽，而放心自存。存其心即所以存其性，成性存存而道义出，万化行。是学问者，非求放心之道乎？心存而义出，居无不安，行无不利，是向之可哀者，今则反为大乐矣。或谓求放心即学问之道，或谓求放心而后可学问，则未有不至于以心求心，累其天君，憧憧往来，朋从尔思，而心愈放愈远矣。此章即孔门博学笃志，切问近思，仁在其中之指。明道先生亦曰："圣贤千言万语，只欲人将已放之心反复入身来，自能寻向上去，下学而上达也。"学者所当猛省慎思，不可失之过，失之不及，至于忘助之病也。《格物通》也指出，仁，人心。义，人路。孟子既重为不由、不求者哀矣，于此复致意于放心之求者，何哉？盖万事万变皆本于心，千圣千贤皆是心学，欲求放心，非强制妄想能之也，在于学问耳。孔子曰："吾尝终日不食，终夜不寝，以思。无益，不如学也。"《中庸》学、问、思、辩、笃行之事是也。故学问之道，不过只为此心求其放失者而已。人才学问，则有以管摄此心，发明此心，不求而复矣，所谓博学切问，仁在其中也。然而人君以一心而受众欲之攻，尤易以放，故尤当自力以求之。求之匪他，惟学问，体认天理，存存于勿忘勿助之间。心存则仁存，仁存则义路以由矣。存心也者，其圣学之要乎！

◎尽其心者，知其性也。知其性，则知天矣。存其心，养其性，所以事天也。夭寿不贰，修身以俟之，所以立命也。

释读：语出《孟子·尽心上》。湛若水《天泉书堂讲章》云：这一章书是孟子示人以心学之法，而造夫性天之妙的说话。何谓心学？此章尽心存心是大头脑，而性天与命不外是矣。此个心即天地之心，人之一呼一吸，便通于天，干涉甚大。惟人自私自小了，始与天地不相合。故孟子此三段将许大天与性、命都在心上用功。此正圣贤心学，至约而至博、至微而至大、至紧关处。何谓心？人之神明是也。何谓性？心之生理是也。何谓天？心性之一原是也。何谓尽心知性知天？盖心之本体本自广大，本自高明，惟有一分私欲、私意，则心体欠了一分，至于十分则全无了。故广大之体反为狭小，高明之体反为卑暗，而心非其心矣。欲尽之则何如？忘则失之不及，固不尽；助则失之过，亦不尽。惟勿忘勿助之间，中中正正，则广大高明之体完完全全，若明镜之刮垢，复其本体，光明圆满，无一毫翳缺处，而心可尽矣。心既尽，则其生理活泼泼地，跃如卓尔，参前倚衡，而性之本体自然呈露，非知性而何？夫心也、性也、天也，一体而无二者也，心尽而性见，性见而天不外是矣。天其有不知乎？夫学至知天，知之至矣。不过尽吾心焉，岂远乎哉！何谓存心养性事天？这个心性与天，即是前面心性与天，更无别心别性别天。人惟心有不尽，则懵然不知性天，所存所养何物？今则既能见得本体亲切，又当念念在兹，罔敢或懈，使广大者常广大，高明者常高明，这便是存其已尽之心。天心常存，存而勿失，则性常生，生而无穷。如火之益然，泉之益达，跃如者益跃如，卓尔者益卓尔，参前倚衡者益参前倚衡，非养其已知之性而何？夫性非别性，性即心之生理；天非别天，天即性之同体。心存则性有养，性有养则天不外是矣。天其有不能事乎？夫学至于能事天，行之至矣，不过存吾心焉，岂难乎哉？何也？即心即性，即性即天，不必更求性天也。盖孟子此章虽两段言之，其实一段工夫。即尽即存，非今日尽明日乃存也。即知即行，知行并进，非今日知明日行也。何谓夭寿不贰，修身以俟之，所以立命？前二节乃知行并进，修身之功也。君子以此知性养性，知天事天，俛焉日有孜孜，不知老之将至，毙而后已，何暇计夭寿以贰其心乎？至是则天性在我，我即是天，命不在天而在我立矣。视前知天事天，犹是已与天二物相对，有不侔（móu）矣。世间人遇富贵则淫，遇贫患难便变移，何况死生？命何曾立？或谓此章首节言圣人之事，次节言贤人之事，第三节言困知勉行之事，则应之曰："审如是，则圣人之学有知而无行，贤人之学有行而无知，无知则所存所养者何物？况立命，非圣人与天地合其德，与鬼神合其吉凶者不能。"《易》："穷理尽性以至于命。"明道先生曰："才穷理便尽性，尽性便至命。"（《二程遗书》："才穷理便尽性，才尽性便至命。"）至命者，立命之谓也。此孟子示人以作圣之功，其要只在体认天理，直上达天德。盖体认便兼知行并进功夫。

◎*君子深造之以道，欲其自得之也。自得之则居之安，居之安则资之深，资之深则取之左右逢其原，故君子欲其自得之也。*

释读：语出《孟子·离娄下》。《格物通》指出，此孟子言明自得之学也。深造谓造诣之深也。道者，进为之方，如颜子之博文约礼，孟子之勿忘勿助是也。博约者，知行并进之功。勿忘助者，中正自然之法也。如是，则人心本体之中正，有不假丝毫人力而自然优游厌饫（yù），而得之于心矣。心与理一，故居之安。溥（pǔ）博渊泉，故资之深。体立用行，故左右逢原。深造以道者，自得之功。居安、资深、逢原者，自得之效。由是观之，古人之学惟在自得而已矣。此心此理，人所同得。后之学者惟不得其道尔。子贡曰“得其门者或寡矣”。程颐曰“学以至圣人之道也”。然则失其道不得其门，虽竭终身之力不能至于自得矣。可不讲乎？

◎故人情者，圣王之田也。修礼以耕之，陈义以种之，讲学以耨之，本仁以聚之，播乐以安之。

释读：此《礼记·礼运》语。《格物通》指出，此言人情即指性之发，孟子所谓乃若其情则可以为善矣，而以为田，即此可耕治者也。故礼者理也，礼以治心者也。理以治之，则人欲日消，如田之耕，破草莱开土脉而可种矣。义者，宜也，以制事者也。宜以处事则道生不息，体立用行，如田之布种而可耨（nòu）矣。讲学则订去其偏而养其中正，如田之治去稗莠而可收聚矣。仁者天理之纯，本仁则众德聚于心，如田之收成而可安矣。乐者，乐此者也，学不至于乐则不安，终非己有，故作乐以安之，如田之入为己有也。此自得之学也。自得之则居之安也，于是乎治性情之功毕矣。由是观之，圣贤之学不过性情焉而已尔。性情者不过天理焉而已尔。仁义礼乐学问之功，岂外此而别有所致力哉？

◎故学然后知不足，教然后知困。知不足然后能自反也，知困然后能自强也。

释读：此《礼记·学记》语。《格物通》指出，学何以知不足也？师于人然后知己所未至也。教何以知困也？无以应人人之求然后自知困辱也。知不足则必反求矣，知困则必强学矣。《书》曰“惟敩（xiào）学半”（《尚书·商书·说命下》）。故教学相长，然后德业交修焉。

◎大德不官，大道不器，大信不约，大时不齐。察于此四者，可以有志于本矣。

释读：此《礼记·学记》语。《格物通》指出，君子之学务本而已。天下之本见大而已。大者，天理之全体也，以其得于心而言则谓之德，以其由于事而言则谓之道，以其实而言则谓之信，以其发而当可而言则谓之时，其实一大而已。此大本也。不官者，非一职可尽也。不器者，非一材可拘也。不约者，信在言前也。不齐者，非可执一求也。此大用也，大本立而大用随之矣。志本者，学之至也。《大学》曰“此谓知本，此谓知之至也”。故学以务本为贵。

◎汉献帝建安十五年（204年）。吴主孙权谓吕蒙曰：“卿今当涂掌事，不可不学。”蒙辞以军中多务。权曰：“孤岂欲卿治经为博士邪？但当涉猎，见往事尔。卿言多务，孰若孤？孤尝读书，自以为大有所益。”蒙乃始就学。及鲁肃过寻阳，与蒙论议，大惊曰：“卿今者才略，非复吴下阿蒙。”蒙曰：“士别三日，即当刮目相待。大兄何见事之晚乎？”肃遂拜蒙母，结友而别。

释读：《格物通》指出，孙权语吕蒙以学，是矣，但其所谓学止于涉猎读书尔，而孔门默识德行之学未闻，曾是以为学乎？虽然吕蒙就学未几而论议惊人，亦其气质之小变邪，抑其矜伐之心形于词气，所谓以学问骄人者非邪？

◎唐太宗贞观二年。六月戊子，上谓侍臣曰：“朕观隋炀帝集，文辞博奥，亦知是尧舜而非桀纣，然行事何其反也？”魏徵对曰：“人君虽圣哲，犹当虚己以受人，故智者献其谋，勇者竭其力。炀帝恃其俊才，骄矜自用，故口诵尧舜之言，而身为桀纣之行曾不自知，以至覆亡也。”上曰：“前事不远，吾属之师也。”

释读：《格物通》指出，魏徵虚之一言，庶乎知德业之本矣。虚明者，心之本体也，亦在乎尽心与否而已。譬之鉴焉，今日明烛妍媸，非加光也，不翳于尘尔。明日一物莫烛，非始无光也，蔽之深尔。君子能去其蔽光者，则本体自见矣，是之谓尽心而知性。隋炀帝知是尧舜非桀纣，心之本体有时而明，然而身口顿异，身为桀纣陷于亡而不知非，其欲蔽之深乎！揆厥所由，惟其不学，故无以成其德业尔。或曰炀帝著书三十万卷，谓之不学可乎？噫！不立其本而徒事夫文词之末，虽曰充栋，只足以为惑尔，奚学之云？学也者，其圣狂之判乎！

◎宋太宗勤于读书，自巳至申，然后释卷，诏史馆修《太平御览》一千卷，日进三卷。宋琪以劳瘁谏。帝曰："开卷有益，不为劳也。朕欲周岁读遍是书尔。"每暇日则问吕文仲以经义，王著以笔法。

释读：吕文仲，侍读。王著，侍书。《格物通》指出，宋儒周敦颐有言："圣人之训入乎耳，感乎心，蕴之为德行，行之为事业。"（《宋濂溪周元公先生集》之《陋第三十四章》中有"圣人之道，入乎耳，存乎心"）黄庭坚亦言："以我观书，则处处得益；以书博我，则释卷而茫然。"程颢亦以博记为玩物丧志。此三言者，真读书之要法也。傅说告高宗"学于古训"，古训岂可不学？然学之亦有道矣。盖心存则志定，志定则我立，我立而观书，则圣人之训感吾心，养吾志焉。往而非益，若我不立，心志不定，则逐书而移，书亦物尔，其丧志也必矣。人君有志于学古者，其深思之。

◎宋太宗端拱元年（988年）。夏五月，诏就崇文院中堂建秘阁，分三馆，书籍置其中，以侍郎李至兼秘书监。帝谓至曰："人君当澹然无欲，勿使嗜好形见于外，则奸佞无自入。朕无他好，但喜读书，多见古今成败，善者从之，不善者改之，如斯而已矣。"至每与李昉、王化基观书阁下，帝必遣使赐宴，且命三馆学士皆预焉。

释读：《格物通》指出，心者进德业之地也，澹然无欲则心正，德崇而业广，奸佞远而贤人亲矣。岂但嗜好不形，奸佞不入而已哉！但云所好者读书，读书以明心，非以溺心也。苟不善读，则程颢以博记为玩物丧志者同一欲尔，而君之德业岂不荒矣乎？惜乎李至诸臣未闻圣学之要，无以究无欲之本。周敦颐曰："一者无欲也，无欲则静虚动直。静虚则明，明则通，动直则公，公则溥，明通公溥，其圣矣乎。"

◎宋儒周敦颐博学力行，为南安司理时，通判程珦以其为学知道，使二子颢、颐往受业。敦颐每令寻孔颜乐处，所乐何事。颢尝曰：“自再见周茂叔后，吟风弄月以归，有吾与点也之意。”

释读：《格物通》指出，自天子至于庶人，欲成其德业者，不可以不学，而学不可不知其所有。知其所有而真见焉，则仲尼、颜子之乐在我，其学之进自有不能已者矣。

◎张栻作《桂阳军学记》有云：学者当以立志为先，不为异端訹，不为文采眩，不为利禄汩，而后庶几可以言读书矣。

释读：《格物通》指出，异端、利禄之夺志，夫人皆知之也。文采、读书之夺志，虽宿学者未必知之也。志立而读书，以发于文采，犹树木之根发于枝叶花实，皆一气之贯尔。夫志立则我立，我立则读书、文采不能丧志，而皆可以养志矣。

◎临川吴澄曰：“所贵乎学者，以其能变化气质也。学而不足以变化气质，何以学为哉？世固有率意而建功立业者矣，亦有肆情而败国殄民者矣，彼其或刚或柔，或善或恶，任其气质之何如而无复矫揉克治以成人。学者则不如是，昏可变而明也，弱可变而强也，贪可变而廉也，忍可变而慈也。学之为用大矣哉！凡气质之不美者，皆可变而美，况其生而美者乎！

释读：《格物通》指出，人之气质一而已矣，中正者则道也，偏而邪者即非道也。故学之道不过变其偏以归之中正而已矣。学而不能变化气质，又奚庸于学哉！是知人不可以不学，而学者所以为道也。《记》曰：“虽愚必明，虽柔必强。”气质之变也。

◎丙午五月。皇祖命有司访古今书籍藏之秘府，以资览阅。因谓侍臣詹同等曰：“三皇五帝之书不尽传于世，故后世鲜知其行事。汉武帝购求遗书，而六经始出，唐虞三代之治始得而见。武帝雄才大略，后世罕及，至表章六经，开阐圣贤之学，有功于后世。”又曰：“吾每于宫中无事，思节用而爱人，使民以时，真治国之良规，万世之师法也。”

释读：《格物通》指出，夫圣人之治，本于一心。圣人之心，见于六经。故学六经者，所以因圣言以感吾心，而达于政治者也。后世之学，乃以经书资口耳言语之末，让圣贤之道而不为，得非买椟而还其珠之谓哉？法皇祖之训，修圣贤之德业，以一洗士习之陋，诚在今日矣！

◎洪武二十八年（1395年）。戊午，诏国子生曰："孔子作《春秋》，明三纲，叙九法，为百王轨范，修身立政备在其中，未有舍是而能处大事、决大疑者。近诸生专治他经者众，至于《春秋》鲜有明之。维今宜习读以求圣人大经大法，他日为政临民，庶乎有本。"

释读：《格物通》指出，孟子云："王者之迹熄而诗亡，诗亡然后《春秋》作。《春秋》，天子之事也。故正人心，扶世道，莫大乎《春秋》。孔子之时，三纲日隳（huī），九法尽斁（dù），《春秋》不得已而作也。《春秋》作则褒贬定而劝惩彰，三纲由是而明，九法由是而叙。苟能于此而明诸心焉，则天理日著，人欲日消，僭乱日远。家以之而齐，国以之而治，天下以之而平，实天下万世之大经大法也，诚如圣祖之所谕者。

◎傅说曰："学于古训。"夫学，觉也，警觉之谓也。是故六经皆注我心者也，故能以觉吾心。《易》以注吾心之时也，《书》以注吾心之中也，《诗》以注吾心之性情也，《春秋》以注吾心之是非也，《礼》《乐》以注吾心之和序也。

释读：此湛若水《二业合一训》语。傅说，商王武丁的宰相。在湛若水看来，六经皆觉我者也。觉然后存之，故能开聪明，扩良知。非六经能外益之聪明良知也，我自有之，彼但能开之，扩之而已也。

◎甘泉子语诸生曰："伊尹之言觉也，其至道乎！故学，觉而已矣。觉则正心生，不觉则邪心生；觉则达诸天，不觉则陷于人。故聪明圣知达诸天德，圣人之觉也。觉生于思，思曰睿，睿作圣，其惟觉乎！"

释读：出自湛若水《樵语》。湛若水常以觉训学："学者，觉也。"又说："古训者，圣人之心也。"因此，读古训，读格言，就是学之所以觉我之心也，我之心与圣人之心并无不同，故觉我之心便是为学功夫所在。

◎汪尚和问："伊尹耕于莘，如何见他是乐尧舜之道？"湛若水答："伊尹，天民之先觉，觉了便自乐我所觉之道，便是尧舜之道，非取诸尧、舜者以乐于我也，我固有之也，但系于觉不觉耳。自有、自求、自觉、自乐，尧、舜不能分以与我，我亦不待求之于尧、舜，此一事于耕莘阿衡自不相干。"

释读：出自湛若水《新泉问辩录》。《孟子·万章上》载："伊尹耕于有莘之野，而乐尧舜之道焉。"孟子认为，伊尹相商前曾躬耕于有莘之郊野，修行唐尧、虞舜的大道。莘，一说今山东省莘县莘亭镇，后来莘县城北之地一度被称为"伊田"。一说今陕西省合阳县洽川，此地有莘野、莘里两村。阿衡系对伊尹的尊称，《史记·殷本纪》说："伊尹名保衡。"

◎冲问："舜耕于历山，伊尹耕于有莘之野，一则取诸人以为善，一则乐尧舜之道。耕固不妨于学，而夫子于樊迟之学稼，乃鄙之为小人，他日又曰：'耕也，馁在其中；学也，禄在其中。'似分明不欲人耕，意果何居？"湛若水答："读书要会圣贤之意而不滞于言。舜之耕历山，盖竭力以养父母，与取人为善不相涉；称伊尹者，在乐尧舜之道而不在于耕。曾子躬耕而传圣人道，夫子鄙樊迟为小人，为其志于耕，不志于道，以耕求食者也而反得馁，明学非为食也而得禄，然则圣人非不欲耕也，顾其志何如耳。子路负米百里以养其亲，不闻有非之者。西汉之高人如徐孺子，非其力不食，许鲁斋教学者先治生，皆是实事，何不欲之有？惟不耕不治生而冻馁其父母妻子，则害道之大者耳。"

释读：徐稺，字孺子。许衡，号鲁斋。出自湛若水《新泉问辩录》。湛若水于此提出读书、学于经史古训，重在用心领会，不在于记诵。

◎夫道一本者也，是故政、学、心、事，一贯而已矣。故舍政事而语心学者谓之虚，舍心学而语政事者谓之迹。若夫神明乎万事万化之间者，其心事学政之合一矣乎！故虞、夏、商、周之君臣所与论政，莫非学也；孔门之师弟所谓求仁，莫非事也。故其语学，则曰“使民如承大祭”，孰非事乎！其语政，曰“居之无倦，行之以忠”，孰非心乎！其告哀公问政，必推本于学，是故由九经而推本于道德，由道德而推本于天人之道，以极于诚明，孰非心事政学之一贯乎！

释读：此湛若水《赠司空何柏斋应召迁北部序》中语。湛若水于此提出读书学习与明心，与做事、行政皆本于天人之道，此即是提倡知行合一说，与王阳明思想完全一致。

二、进德·修业

◎古之教者，家有塾，党有庠，术有序，国有学。

释读：出自《礼记·学记》。《格物通》曰：“德业合一，先王之所以教，而学者之所以学而成其贤者也。今之所教学者，不越乎记诵辞章之间，岂可谓之成贤哉。”

◎三旬，苗民逆命。益赞于禹曰：惟德动天，无远弗届。满招损，谦受益，时乃天道。帝初于历山，往于田，日号泣于旻天于父母，负罪引慝，祗载见瞽瞍，夔夔齐栗，瞽亦允若。至诚感神，矧兹有苗。禹拜昌言曰：“俞！”班师振旅。帝乃诞敷文德，舞干羽于两阶。七旬，有苗格。

释读：出自《尚书·虞书·大禹谟》。《格物通》指出，十日为旬。逆命，谓不服征也。赞，佐也。届，至也。帝，舜也。仁覆闵下，谓之旻天。日，非一日也。祗，敬。载，事也。齐，庄敬。栗，战惧。夔夔（kuí），庄敬战惧之容也。允，信。若，顺也。诚感物曰諴（xián）。矧（shěn），况。班，还。振，整也。诞，大也。文德，文命德教也。干，盾；羽，翳：皆舞者所执也。两阶，东西阶也。格，至也。益从禹出征，以苗负固，未可威服，故赞佐于禹，以为惟有动天之德者，必能感通之，远而无所不至，盖欲禹还兵而增修其德也。乃举天道，以为满则损、谦则益，欲其法天道以益德也。又举人事言。舜耕历山，往田之时，日号呼旻天，以不顺父母之故，自负其罪，以自引其慝（tè，恶），不敢以为父母之罪慝，敬其子职之事以见瞽瞍。夔夔齐栗，敬畏小心，而尽于事亲者如此。故舜以诚孝感格，虽瞽瞍顽愚，亦且信顺之而底豫焉。然非特人事为然也，又推极至诚之道，以为神明亦且感格焉。夫以天道既如彼，而以人事神明又如此，而况于苗民乎？于是大禹乃还师振旅，帝舜乃大修文命德教。七旬而有苗来格也。夫天道至远也，瞽瞍至顽也，鬼神至幽也，苗民至难化也，而一念修德足以感格之者，何邪？盖天地人鬼之理一而已矣。故一念之邪正，天地鬼神莫不鉴之，愚民莫不知之，然则人君念虑可不敬谨于独乎？

◎非天私我有商，惟天佑于一德；非商求于下民，惟民归于一德。

释读：出自《尚书·商书·咸有一德》。《格物通》指出，此伊尹告太甲之言也。言天之佑商，非天私我商也，天之所佑者在一德尔。商之得民，非商求于民也，民之所归者在一德尔。一德者，纯一之德，即天理也。夫人心有一毫私意之杂，则天理息矣。不杂则不息，不息则一。故天与民归，非归商也，归一德也。盖一德者，天民一者也，人君具此一德而上下应之者，何邪？以一体故也。故人君者一念一则天人合，一念二三则天人离，天人相与之际，可不畏哉！

◎玩人丧德，玩物丧志。

释读：出自《尚书·周书·旅獒》。《格物通》指出，此召公因西旅贡獒而诫武王之言也。德者，己之所得也。志者，心之所之也。玩者，狎慢怠忽之意。言玩人则以骄而灭敬，故丧德。玩物则以欲而胜刚，故丧志。夫人怠忽之心生，则狎慢之念起，至于玩人玩物，而丧其德与志矣。可不戒哉！

◎故君子多闻，质而守之；多志，质而亲之；精知，略而行之。

释读：语见《礼记·缁衣》。《格物通》指出，质犹实也，略犹简也，天理至约，行之则一，故曰略。多闻多志，所以开发聪明而觉吾心之天理，知也；守所以行之也，行之力，故日亲切。多闻多志即知之精也，守而亲之则行不支离，则行之一也。是故知行并进，而德业成矣。

◎子曰：好学近乎知，力行近乎仁，知耻近乎勇，知斯三者，则知所以修身。

释读：语出《礼记·中庸》。《格物通》指出，知、仁、勇达德虽有三者之殊，求之吾心惟此天理而已。见之分明即为智，存之纯熟即为仁，行之果确即为勇，非有二也。然此何以至之哉？在好学、力行、知耻而已。故困知学知者，学问思辨，求觉乎天理，虽未及生知之大知，然而去知不远矣。勉行利行者，加笃行之功，存存勉勉而不间，虽未及安行之至仁，而去仁不远矣。不能不愧怍于天人，而以不如仁知者为耻，虽未及于圣人之大勇，然而有奋发果敢之志，而去勇不远矣。所谓近者何也？以其理之一也，由是而不已焉，则知仁勇之域可至矣。学者知此好学、力行、知耻为入德之门，则达德立而达道行，所谓修身以道、修道以仁之要在是矣，于修身何有哉？此进德修业之大端。

◎博学之，审问之，慎思之，明辨之，笃行之。有弗学，学之弗能弗措也；有弗问，问之弗知弗措也；有弗思，思之弗得弗措也；有弗辨，辨之弗明弗措也；有弗行，行之弗笃弗措也。人一能之，己百之；人十能之，己千之。果能此道矣，虽愚必明，虽柔必强。

释读：语出《礼记·中庸》。《格物通》指出，此孔子告哀公以明善、诚身之道也。五之字皆有所指，即天理是也。夫博学、审问、慎思、明辨者，皆求察见乎此而已矣，谓之笃行，即时察见，即时操存，自念虑以达于事为皆是也，岂学问思辨之外别有所谓行也哉？故曰知行并进者如此。或谓今日知明日行；或谓读尽天下之书，穷尽天下之理，然后行。徒见其支离间脱，穷年卒岁，无力行之日也。弗学以下，因上言其目，而此言其下手处也。学问思辨，与行弗能弗知弗得弗明弗笃而不措，至百倍其功者，乃所谓学之博、问之审、思之慎、辨之明、行之笃也，能尽其功则虽困者且知，勉强者且能，而况学知利行者哉！愚而明，柔而强，气质之变化也，故学在乎变化气质而已。变而化之，则士可贤，贤可圣，圣可天矣。鲁之君臣能，然则亦文武之君臣，而文武之政可行也。惜乎鲁哀徒美其言而不行，遗千载之一叹耳。

◎故君子尊德性而道问学，致广大而尽精微，极高明而道中庸，温故而知新，敦厚以崇礼。

释读：语出《礼记·中庸》。《格物通》指出，此子思言修德以凝道之功也。性即天命之性，此德性至贵，忘之则忽，助之则亵，皆非尊也。勿忘勿助，尊之至也。道，由也，由乎学问乃有以知其德性之真也。佛教亦言心性，以不事学问故差也。盖尊德性，行之也；道问学，精之以知也。天下未有不精于知而能行之不差者也。广大、高明，心之本体。礼即理也，皆谓德性也。致之，尽之，敦厚以崇之，皆以在心而言，所以尊德性也。精微、中庸、旧闻，皆心之应事者，尽之、道之、温之而使日新。所以问学也，在心为性，在事为学。朱熹与项平父书曰："子静专尊德性，而熹平日道问学为多。"尊德性为行，道问学为知。知行并进，心事合一，而修德之功尽矣。德修而道自凝矣。此圣门合一之学。后世支离之弊浸兴。

◎子夏曰："博学而笃志，切问而近思，仁在其中矣。"

释读：语出《论语·子张》。《格物通》指出，仁者心之生理、德之全也。德之进，学问思辨笃行而已，故君子之于仁也，学以觉之，问以辨之，思以通之，笃志以存之，则心存理得，而仁在我矣。此圣门之学，知行并进之功也。说者谓此未及乎力行而为仁，惑矣。噫！子夏以文学名而其言如此，然则古人之所谓学者可知矣。后世徒区区于章句之末者，乌足谓之文学乎？

◎以力服人者，非心服也，力不赡也。以德服人者，中心悦而诚服也，如七十子之服孔子也。《诗》云："自西自东，自南自北，无思不服。"此之谓也。

释读：出自《孟子·公孙丑上》。《格物通》指出，王霸之辨，如玉之与石，然究其本，则德与力、诚与伪而已矣。盖王道则本之德而由于诚，霸功则本之力而出于伪。以力服人，则无以得其心，己以伪感，人以伪应也。

以德服人，则得其心，已以诚感，人以诚应也。故五霸莫盛于桓、文，姑以其执辕涛涂、侵曹伐卫之事而视，夫成汤之兴，东征而西怨，文王之作，大畏而小怀，其人心之服与不服为何如哉？虽然，先儒程颢曰：“有天德便可语王道。”又曰：“其要只在谨独。”究其德力诚伪之分，则又系于人君一念之微尔。君天下者有志于王道，盍亦反其本矣！

◎曾子曰：“君子修礼以立志，则贪欲之心不来。君子修礼以修身，则怠惰慢易之节不至。君子修礼以仁义，则忿争暴乱之辞远。”

释读：出自刘向《说苑·修文》。《格物通》指出，立志修身，居仁由义，君子之德业备矣。礼也者，理也，体用之贯也，故在心则志立，在身则身修，在事则仁义，而无贪欲怠慢争乱之邪焉，何患乎德业之不成哉！

三、知音·朋友

◎古之谈交友者，曰管鲍、陈雷，至矣！

释读：此湛若水《刘朝请肃庵先生传》语。管、鲍指春秋时期的管仲和鲍叔牙。他们的故事见于《左传》。“管鲍之交”用以比喻朋友之间深厚友谊，初见于《列子·力命》：“生我者父母，知我者鲍叔也。此世称管鲍善交者。”陈、雷指汉代的陈重、雷义。陈重字景公，豫章郡宜春县人。雷义字仲公，豫章郡鄱阳县人。陈重年轻时与雷义为朋友，都学《鲁诗》《颜氏春秋》。太守张云举陈重孝廉，陈重想让给雷义，前后写了十几封信，但张云不依他。后来雷义被举茂才，他让给陈重，刺史不依，雷义便假装疯了，披头散发逃走，不应命。乡里赞叹他们：“胶漆自谓坚，不如雷与陈。”（《后汉书·独行列传》）“胶漆陈雷”遂成为典故，比喻深厚的交情。湛若水《明唐府纪善进长史俸静庵周君墓碑铭》又写道：“昔钟期死，伯牙为之破琴；颜渊死，孔子以为天丧予。师友相知相遇之难，尚矣！”

◎庄公九年。齐鲍叔帅师来言曰：“子纠，亲也，请君讨之。管、召，仇也，请受而甘心焉。”乃杀子纠于生窦。召忽死之。管仲请囚，鲍叔受之，及堂阜而税之。归而以告曰："管夷吾治于高傒，使相可也。"公从之。

释读：出自《左传》。鲍叔，即鲍叔牙，齐大夫。管夷吾即管仲，名夷吾，字仲。税，释放。《格物通》指出，子纠，（鲁）桓公之弟。管仲、召忽，子纠臣也。受而甘心，言自杀之以快意，未必杀也。生窦、堂阜，皆地名。夫管仲之贤，鲍叔知之深矣，故忘其仇而存之用之。鲍叔之贤后世孰有能及之者哉！当鲍叔帅师之时，使无知人之明，则夫堂阜之囚何自而税？齐国之相何自而得乎？是则用管仲者君之专，进管仲者臣之明，此管仲所以有生我父母、知我鲍叔之感也。然鲍叔之心岂为管仲哉？为其贤也，为其能也。后之逞其私忌，弃国之贤而败人国家者，鲍叔之罪人也。

◎定公四年（前506年）。初，伍员与申包胥友。其亡也，谓申包胥曰："我必复楚国。"申包胥曰："勉之！子能复之，我必能兴之。"及昭王在随，申包胥如秦乞师，曰："吴为封豕、长蛇，以荐食上国，虐始于楚。寡君失守社稷，越在草莽。使下臣告急，曰：'夷德无厌，若邻于君，疆埸之患也。逮吴之未定，君其取分焉。若楚之遂亡，君之土也。若以君灵抚之，世以事君。'"秦伯使辞焉，曰："寡人闻命矣。子姑就馆，将图而告。"对曰："寡君越在草莽，未获所伏。下臣何敢即安？"立，依于庭墙而哭，日夜不绝声，勺饮不入口七日。秦哀公为之赋《无衣》，九顿首而坐，秦师乃出。

释读：出自《左传》。《格物通》指出，包胥兴楚之心，犹伍员报楚之心也。包胥之兴楚也，为君；伍员之报楚也，为亲。为亲者孝，为君者忠，皆不忘所天者也。后之为子者有伍员之孝，其为臣必有包胥之忠矣。经曰事亲孝，故忠可移于君。其二子之谓乎！

◎程颢札子有云："古者自天子达于庶人，必须师友以成就其德业。故舜禹文武之圣，亦皆有所从学。今师傅之职不修，友臣之义未著，所以尊德乐善之风未成于天下也。"

释读：《格物通》指出，二帝三王皆有师傅宾友者，非为美观虚设也，盖以非师友无以成其德业也。师友者，所以开君之聪明而养君之德性者也。故自天子以达于庶人，未有不须师友而能独成也。故古之舜、禹、文、武，或学于务成昭，或学于西王国，或学于太公，或学于伊尹，是故圣益圣而治益隆也。后世不知出此，虽具其官而非其人，或用其人而不师其道，徒为虚设，宜其德业不成而治之不古若哉。《书》曰："能自得师者王，谓人莫己若者亡。"（《尚书·商书·仲虺之诰》）成败之决皆在于此也。

四、礼仪·出处

◎天子穆穆，诸侯皇皇，大夫济济，士跄跄，庶人僬僬。

释读：此《礼记·曲礼》语。僬僬，行走急促貌。《格物通》指出，此言人君当敬其威仪以为臣民之则也。盖人君一身，诸侯、大夫、士、庶人之望，苟无威仪，臣下将何所法哉？故孟子见梁襄王而语诸人曰："望之不似人君，就之而不见所畏焉。"盖言无威仪也。穆穆，敬也，深远之貌也。《诗》曰："穆穆文王，于缉熙敬止。"（《诗·大雅·文王》）是敬止乃穆穆之本。人君能敬则穆穆之仪自形，而诸侯望之自将皇皇而美，大夫、士望之自将济济跄跄而有容，至于庶人虽无与为礼，亦将僬僬而趋走促数于下矣。《中庸》曰"笃恭而天下平"，言德容之化也。苟不此之务，而徒以端冕凝旒、深居高拱、不动声色为穆穆焉，则浅矣。是不可以不慎也。

◎言语之美穆穆皇皇，朝廷之美济济翔翔，祭祀之美齐齐皇皇，车马之美匪匪翼翼，鸾和之美肃肃雍雍。

释读：语见《礼记·少仪》。《格物通》指出，穆穆，和敬也。皇皇，正大也。济济，和整也。翔翔，舒张也。齐齐，致一也。皇皇如有求也，匪匪翼翼，严正也。肃肃雍雍，亦和严也。美者，有仪也，在言语则和敬而正大矣，在朝廷则和整而舒张矣，在祭祀则致一而有求矣，在车马则严以正矣，在鸾和则和以敬矣，然而皆原于德矣。容仪之美，德之符也。

◎天子者，与天地参，故德配天地，兼利万物，与日月并明，明照

四海而不遗微小。其在朝廷则道仁圣礼义之序，燕处则听雅颂之音，行步则有环佩之声，升车则有鸾和之音，居处有礼，进退有度，百官得其宜，万事得其序。

释读：出自《礼记·经解》。《格物通》指出，天地人物之理一而已矣，故配天地，兼万物，照四海而无不感通者，固其所同然也。是故人君之德业在所养而已矣。故道仁义以养其心也，声音以养其耳也，居处进退以养其身也，闲邪存诚，此德业之所以盛也。百官万事莫敢不正，德业之至矣。

◎桓公九年。享曹太子，初献乐奏而叹。施父曰：曹太子，其有忧乎！非叹所也。

释读：见于《左传》。《格物通》指出，曹太子射姑来朝，鲁宾以上卿，其礼厚矣。于时金石在庭，笾豆在列，所以观威仪而省祸福者皆在是。我孔熯（nǎn）矣，式礼莫愆（qiān）。射姑临乐而叹，威仪愆矣，观此则太子之所养者可知也。

◎成公十三年。三月，公及诸侯朝王，遂从刘康公、成肃公会晋侯伐秦。成子受脤于社，不敬。刘子曰："吾闻之：民受天地之中以生，所谓命也。是以有动作威仪之则，以定命也。能者养之以福，不能者败以取祸。是故君子勤礼，小人尽力。勤礼莫如致敬，尽力莫如敦笃。敬在养神，笃在守业。国之大事，在祀与戎。祀有执膰，戎有受脤，神之大节也。今成子惰，弃其命矣，其不反乎？"

释读：见于《左传》。《格物通》指出，刘子其知道乎？夫天命之谓性，以命为令，先正之言也。刘子以天地之中为命，是以命为中，如所谓命根命脉之云也，可以破千载性命之惑矣。又以动作威仪之则以定命，是动作威仪原于命，命原于天地之中，深得乎天人体用之一贯矣。孰谓春秋之时有知道如刘子者乎！此言岂独为成公发哉？人君宜写一通置诸左右，以备朝夕之览焉可也。

◎襄公三十一年（前542年）。卫侯在楚，北宫文子见令尹围之威仪，言于卫侯曰："令尹似君矣！将有他志，虽获其志，不能终也。《诗》云：'靡不有初，鲜克有终。'终之实难，令尹其将不免？"公曰："子何以知之？"对曰："《诗》云：'敬慎威仪，惟民之则。'令尹无威仪，民无则焉。民所不则，以在民上，不可以终。"公曰："善哉！何谓威仪？"对曰："有威而可畏谓之威，有仪而可象谓之仪。君有君之威仪，其臣畏而爱之，则而象之，故能有其国家，令闻长世。臣有臣之威仪，其下畏而爱之，故能守其官职，保族宜家。顺是以下皆如是，是以上下能相固也。《卫诗》曰：'威仪棣棣，不可选也。'言君臣、上下、父子、兄弟、内外、大小皆有威仪也。《周诗》曰：'朋友攸摄，摄以威仪。'言朋友之道，必相教训以威仪也。《周书》数文王之德，曰：'大国畏其力，小国怀其德。'言畏而爱之也。《诗》云：'不识不知，顺帝之则。'言则而象之也。纣囚文王七年，诸侯皆从之囚。纣于是乎惧而归之，可谓爱之。文王伐崇，再驾而降为臣，蛮夷帅服，可谓畏之。文王之功，天下诵而歌舞之，可谓则之。文王之行，至今为法，可谓象之。有威仪也。故君子在位可畏，施舍可爱，进退可度，周旋可则，容止可观，作事可法，德行可象，声气可乐，动作有文，言语有章，以临其下，谓之有威仪也。"

释读：见于《左传》。《格物通》指出，始读刘康公中命、仪则之说，叹春秋有一知道者。及观北宫文子之论，又知有文子也。此当与刘康公之言参看。大都康公之论奥而核，文子之论详而整，观此则威仪之说无余蕴矣。

◎定公十五年（前495年）春，邾隐公来朝。子贡观焉。邾子执玉高，其容仰。公受玉卑，其容俯。子贡曰："以礼观之，二君者，皆有死亡焉。夫礼，死生存亡之体也。将左右、周旋、进退、俯仰，于是乎取之；朝、祀、丧、戎，于是乎观之。今正月相朝，而皆不度，心已亡矣。嘉事不体，何以能久？高、仰，骄也。卑、俯，替也。骄近乱，替近疾，君为主，其先亡乎！"

释读：见于《左传》。《格物通》指出，子贡观二君之不度，而知心之亡，又知死亡之祸，盖死亡由于不度，不度由于心亡，此不易之确论也。

《中庸》所谓“见乎蓍龟，动乎四体”，不其然乎？人君体此，必思以立吾心之中正，心中正则威仪之间，一高一卑一俯一仰，皆有常度，而不可以毫发僭差，夫然后事体而身安，身安而福亦佑之矣。不然，骄近乱，替近疾，疾与乱，非天使之然也，皆其自致之也。人君可不正其心，以正其威仪，以为福德之基乎？

◎子曰：“非礼勿视，非礼勿听，非礼勿言，非礼勿动。”

释读：语出《论语·颜渊》。《格物通》指出，此圣人告颜子克己复礼之目如此，固非徒使之制乎其外而已也。盖视听言动皆身之仪见乎其外，而其所以视听言动之者，则心也。故勿之者，亦心也。一念之微涉于非礼而即有以勿之，则所谓“不远复，无祇悔”（《周易》复卦爻辞）、“由乎中而应乎外”（程颐语），心体威仪之间无适而非天理之流行矣。

◎居天下之广居，立天下之正位，行天下之大道。得志，与民由之；不得志，独行其道。富贵不能淫，贫贱不能移，威武不能屈，此之谓大丈夫。

释读：语出《孟子·滕文公下》。《格物通》指出，广居谓仁，正位谓礼，大道谓义，皆天理也。以其存于心谓之广居，以其履于身谓之正位，以其行于事谓之大道，其实一理也。居之、立之、行之者，皆体认于心身也。得志与民由之，同此理于人也；不得志独行其道，藏此理于己也。君子惟有此学，故德业之盛而心纯天理之公，富贵贫贱威武外物无与于性分，何足以贰其心哉！夫天理在于一心之微尔，谓之广居，谓之正位，谓之大道，而皆谓之天下，又谓之大丈夫，许大德业皆本于一心，道岂远乎哉？

◎陈灵公行僻而言失，泄冶曰：“陈其亡矣！吾骤谏君，君不吾听而愈失威仪。夫上之化下，犹风靡草，东风则草靡而西，西风则草靡而东，在风所由而草为之靡，是故人君之动，不可不慎也。”

释读：语出刘向《说苑》。《格物通》指出，威仪者，本诸恭敬之德而达诸治化之美者也，故盛德之至，然后动容周旋中礼。尧之放勋（xūn）本乎允恭，舜之重华本乎温恭，岂外致哉？泄冶之言，徒知人君当慎动，而不求其本，苟其君听之，亦未见其所以正也，何以维民之则乎？若灵公言失行僻，固不足道也。后世有临朝渊默，尊严若神，如汉成帝者，号称穆穆天子之容矣，然政柄不免于下移者，无本故也。故欲威仪之正者，必由中达外然后可。

◎宋儒程颐曰："范祖禹色温而气和，其人如玉，可以开陈是非，导人主之意。"

释读：《格物通》指出，虽有逊志之言，乘之以厉色戾气，则化而为不善矣。虽有逆耳之言，乘之以怡颜下气，则化而为善矣。人臣陈是非，导上意，乘之以温色和气，则不觉其入之深矣。然非所存有中和之德，安能以温和其气色哉？

◎国朝洪武九年（1376年）。正月丁巳，太子诸王侍。上顾谓之曰："汝等闻修德进贤之道乎？"太子对曰："每闻儒臣讲说，知其略矣，未领其要。"上曰："藻率杂佩为身之容，恭逊温良为德之容，见于外者，可以知其内也。古之君子，趋跄有节，步降有数，周旋跬步而不违于规矩者，由其德充于内而著乎外也。所以器识高明，而治道日臻，恶行不见而邪僻日远。己德既修，自然足以服人，贤者汇进而不肖者自去，天下国家未有不治。不务此者，鲜不取败。夫货财声色，戕德之斧斤；谗佞奸谀，杜贤之荆棘。当拒之如虎狼，畏之如蛇虺（huǐ）。苟溺于所好，则必为其所陷矣。汝等其慎之！

释读：《格物通》指出，伏观圣祖谕太子以内外德容之理，与古圣贤一揆矣。《诗》曰："抑抑威仪，维德之隅。"（《诗经·大雅·抑》）譬如宫室焉，内有绳直则外有廉隅，德其绳直矣，威仪其廉隅矣。人君苟存诸心者浑然天理，积中发外，自有威可畏，有仪可象，动容周旋自中乎礼，刑于家则齐，刑于国则治，刑于天下则平，由是天下之贤能俊杰莫不汇进以赞治化之盛，而谗谄奸谀之人远矣。

五、无逸 · 节俭

◎周公曰："呜呼！君子所其无逸。先知稼穑之艰难，乃逸，则知小人之依。"

释读：嘉靖十年（1521年）九月二十五日，湛若水呈《奉诏进讲章疏》，并附《尚书》无逸篇周公告成王语的讲章云：呜呼是叹辞。君子谓人君。所者，居止之名。古人居室亦有谓之所者，今官制与民间亦皆有此称，言常常居处于此也。人之动静食息，起居语默，莫不在是，故谓之所，与"王敬作所"之所（《尚书·周书·召诰》）同，即所谓居敬是也。逸者，懈惰荒宁之谓，无逸，则无懈惰荒宁而敬心存矣。敬者圣学之要，而帝王相传之心法也。尧之钦明，舜之兢兢业业，禹之祇德，汤之圣敬日跻，文王之敬止，武王之不泄不忘，我皇上《敬一箴》，所谓"存其心而不忽"，皆是也。自古千圣千贤皆在此处用功体认天理，皆是这个大头脑，更无别个头脑。人君以敬为所，不敢有懈惰荒宁之心，至于动静食息，起居语默，无不在是，如居所然，虽顷刻离之而不可得，这便是君子所其无逸。如是乃能先知稼穑之艰难。乃逸，则知小人之依。小人谓细民。稼穑，谓农亩之稼穑。艰难者，谓细民稼穑艰难，如一之日于耜，二之日举趾，沾体涂足，手胼足胝，终岁勤动，悯悯焉欲苗之长。望时雨矣，又忧他雨过而潦；望时旸矣，又忧他旸过而旱。苗矣又忧他不秀，秀矣又忧他不实，其艰难万状，难以名言。依者是相并而生的意思，天下固有两物而相须以并生者，如鱼之于水，木之于土，人之于天地之气，皆是也。鱼有鱼所受的元气，须得水才养得。木有木所受的元气，须得土才养得。他人所受的元气，须得天地之气，才方养得这元气。五谷亦受天地之气以生，而土得五行之中气，故比他物尤能养人。一日不谷食，便死了，这便是小民所依以生的。人君能从事于无逸之学，则人心不死，天理常存，学有缉熙于光明。故能知几如神，独观万化之原，洞察天下之民隐，先知众人之所不能知，而于小民农亩稼穑之事，许多艰难辛苦的情状，无不先知先觉，而在已的勤敬之心愈益笃切。这勤敬之心日履安地，便是至逸。其不知艰难而放逸者，乃日履危地，所谓安其危、利其灾，实非真逸也。非谓先知勤劳，而后即可以安逸于位也。故先正（指前代的贤臣）有言：“尧、舜只是兢兢业业过了此生。”岂有先劳后逸之理？夫如此，是乃能深知稼穑是小民所依以生。盖无此则小民不生，小民不生则大人无养，上下无养则礼义廉耻亡灭，而人道息矣。其所系岂是细故？由是合而观之，欲知小人之依者，必真知稼穑之艰难，欲知稼穑之艰难者，必实用力于无逸之学，乃能真知而行之不息也。故篇末又言殷三宗及文王，兹四人迪哲，非苟知之，实允蹈之。恭俭岂可以声音笑貌为哉？故殷王中宗治民祗惧也，必原于严恭寅畏以为本；高宗之爰暨小人，嘉靖殷邦也，原于不敢荒宁之心以为之本；太甲知小人之依，而保惠之也，必原于不敢侮鳏寡之心以为之本；文王卑服，即康功田功而怀保小民也，必原于徽柔懿恭之德，太王、王季克自抑畏之心发之。盖所谓治民祗惧，所谓嘉靖无怨，所谓保惠，皆知艰难、知小人之依之类也。所谓严恭寅畏，所谓不敢荒宁，所谓徽柔懿恭、克自抑畏，皆所其无逸之学也。则夫帝王爱民之政，必自修己之学始矣。汉唐之君有初，焚锦绣，焚雉头裘，毁琼宫瑶室，亦岂不知勤俭艰难，其后多有渐不克终，而奢侈放逸过甚者。此其故何耶？以其无殷三宗、周太王、王季、文王无逸之学以为之本也。

◎慎乃俭德，惟怀永图。

释读：语出《尚书·商书·太甲》。《格物通》指出，慎者，谨也。俭德者，俭约之德也。永，长也。图，谋也。伊尹告太甲当谨其俭约之德，不可以欲败度，纵败礼。夫欲与纵，皆奢侈失之，无长远之谋者。然以约失之者鲜矣，故不可不谨于俭约，而怀长久之谋也。夫人君一身，万化之原，奢侈之心一萌，则将无所不至，此伊尹之所以告太甲必欲谨其俭德也。然常情奢侈，皆因徒见目前之欲而无长远之虑，有远虑者，自不容于不俭矣。故又继之曰“惟怀永图”。后之人君，不可不以伊尹之言，为切己对病之药也。

◎禹戒舜曰：“无若丹朱傲，惟慢游是好，傲虐是作。罔昼夜頟頟，罔水行舟。朋淫于家，用殄厥世。”

释读：出自《尚书·虞书·益稷》。《格物通》指出，朱，尧之子，名丹朱，所封国名也。頟頟，不休息之状。罔水行舟，如奡（ào）荡舟之类。朋淫于家者，朋比小人而淫乱于家也。丹朱不肖，尧以天下与舜，故曰殄（tiǎn）世。禹戒于帝舜曰：无若丹朱之傲，好慢游，作傲虐，盖丹朱頟頟然，昼夜不少休息，无水而行舟，朋比而淫乱，以自灭其世也。夫舜，大圣人也，不为慢游傲虐，岂惟禹知之？虽愚人亦当知之。然惟圣罔念作狂，况处崇高之位，易至傲逸，使一念之邪生，则此一念便是慢游，便是傲虐，便与丹朱无异矣。故人君当防微杜渐，日以庄敬自强，然后可也。

◎训有之：内作色荒，外作禽荒，甘酒嗜音，峻宇雕墙，有一于此，未或不亡。

释读：出自《尚书·夏书·五子之歌》。《格物通》指出，此亦五子述禹之训以诫太康之意。色荒，惑嬖宠也。禽荒，耽游畋也。荒者，迷乱之谓。甘，嗜，皆无厌也。峻，高大也。宇，栋宇也。雕，绘饰也。言六者有其一，皆足以致灭亡也。禹之训昭明如此，太康乃不念祖训，而盘游于有洛之表，十旬不反，安得不致有穷后羿之距，而自取灭亡乎？

◎制官刑，儆于有位。曰："敢有恒舞于宫，酣歌于室，时谓巫风。敢有殉于货色，恒于游畋，时谓淫风。敢有侮圣言，逆忠直，远耆德，比顽童，时谓乱风。惟兹三风十愆，卿士有一于身，家必丧，邦君有一于身，国必亡。臣下不匡，其刑墨，具训于蒙士。"

释读：出自《尚书·商书·伊训》。《格物通》指出，此伊尹述成汤儆戒之政令以训太甲也。制，立也。官刑，官府之刑也。墨者，墨刑也。匡，正也。三风，纲也。十愆，目也。卿士、诸侯，十有其一，已丧其家，亡其国矣。臣下而不能匡正其君，则以墨刑加之。童蒙，始学之士，则详悉以是告之，欲其入官而知所以正谏也。夫人心惟危，道心惟微，一不儆戒，则怠忽之心生，人欲肆而天理灭矣。夫天理存亡之几，安危治乱之决，系于一念之微尔，可不谨乎！

◎隐公五年（前718年）。春，公观鱼于棠。

释读：此《左传》文。《格物通》指出，天理人欲，同行异情，顾其心之邪正尔。苟所好者正，则见鱼之跃渊，悟道体之活泼；见鱼之洋洋，则曰吾民之乐生得如是乎？见鱼之圉圉，则曰吾民之困亦如此乎？随处知警，容亦何妨？若以为乐，则戕心之斧斤也。隐公为政，春不省耕，而恣情纵欲，慢游于棠，观鱼为乐，以荡其心，其能知警戒者寡矣，天理之存者寡矣。向使克自惕厉，体认天理，则与天地万物同体，何者非乐？奚必于鱼邪？而乃玩物丧志，未见其能乐也。人君欲乐物之乐，不若能乐民之乐。

◎哀公元年（前494年）。吴师在陈，楚大夫皆惧。曰："阖庐惟能用其民，以败我于柏举。今闻其嗣又甚焉，将若之何？"子西曰："二三子恤不相睦，无患吴矣。昔阖庐食不二味，居不重席，室不崇坛，器不彤镂，宫室不观，舟车不饰，衣服财用，择不取费。在国，天有灾疠，亲巡其孤寡而共其乏困。在军，熟食者分而后敢食。其所尝者，卒乘与焉。勤恤其民而与之劳逸，是以民不罢劳，死不知旷。吾先大夫子常易之，所以败我也。今闻夫差次有台榭陂池焉，宿有妃嫱嫔御焉。一日之行，所欲必成，玩好必从，珍异是聚，观乐是务，视民如仇，而用之日新。夫先自败也已。安能败我？"

释读：此《左传》文。《格物通》指出，阖（hé）庐，吴先君光也。子西，楚令尹子申也。宫室不观，谓所居宫室无观美台榭也。三宿以上曰次，一宿曰宿。用之日新，谓用之争战，日新不已也。昔孟子有言，生于忧患，死于安乐。阖庐以勤身节用而兴，生于忧患者也。夫差以过欲败度而亡，死于安乐者也。二君奢约之政不同，成败之迹顿异，无他，亦一在乎敬肆之间而已。后之为君者宜鉴焉。

◎晋明帝太宁三年（325年），陶侃常语人曰："大禹圣人，乃惜寸阴。至于众人，当惜分阴。岂可但逸游荒醉，生无益于时，死无闻于后，是自弃也。"

释读：此《资治通鉴》文。《格物通》指出，人之志，励于勤而荒于惰，故古之圣人忧勤惕厉，不敢懈惰荒宁，为志故也。晋之风俗惟尚清谈，放达相高，以至风颓俗败，祸延国家。侃乃慨然以忧勤自厉，可谓超然自拔于流俗，豪杰之士也哉！

◎晋武帝太康二年（281年），傅咸上书曰："先王之治天下，食肉衣帛皆有其制。窃谓奢侈之费甚于天灾。古者人稠地狭，而有储畜，由于节也。今者土广人稀，而患不足，由于奢也。欲人崇俭，当诘其奢。奢不见诘，转相高尚，无有穷极矣。"

释读：此《资治通鉴》文。太康二年应为三年。《格物通》指出，财生于天地而聚散则由乎人也。故民财聚者，民聚而国昌。民财散者，民散而国亡。聚散之机，在俭侈之间而已尔。晋自石崇、王恺以斗富名，天下风俗自趋于靡。傅咸之言，救弊之药石也。惜乎君不知体俭于上，而臣民不知从俭于下，晋因以亡矣。

◎隋文帝仁寿三年（603年）。史臣曰："帝自奉养，务为俭素。乘舆御物，故弊者随宜补用；自非享燕，所食不过一肉；后宫皆服浣濯之衣。天下化之。开皇、仁寿之间，大夫率衣绢布，不服绫绮，装带不过铜铁骨角，无金玉之饰，故衣食滋殖，仓库盈溢。受禅之初，户不满四百万，末年，逾八百九十万。"

释读：此《资治通鉴》文，仁寿三年应为四年。《格物通》指出，俭之为德其至矣！一人倡之，则万民化之。一人倡之，则国有余财，万人化之，则家有余食。衣食足，风俗淳，礼义兴，而户口增，皆俭之效也。故克勤克俭，禹以之兴邦，而创业之君未有不法禹而兴者也。及至承平之主，则侈肆无度，盖未睹于废兴存亡之机在俭侈之间耳。

◎武德四年（621年）五月。秦王世民观隋宫殿，叹曰："逞侈心，穷人欲，无亡得乎？"命撤端门楼，焚乾阳殿，毁则天门及阙。

释读：此《资治通鉴》文。《格物通》指出，《书》以峻宇雕墙，未或不亡。故侈靡宫室，亡国之兆也；卑宫恶服，兴王之基也。废兴存亡之机，苟不至于昏愚者，皆能辨之，而况于秦王世民乎？鉴隋之亡而去其侈，可称贤主矣，其后渐不克终，何耶？《书》曰："人心惟危，道心惟微。"（《尚书·虞书·大禹谟》）若秦王者，岂非精一之学未之讲哉！

◎甲辰三月，江西行省以陈友谅镂金床进，太祖皇帝观之，谓侍臣曰："此与孟昶七宝溺器何异？以一床工巧若此，其余可知。陈氏父子穷奢极靡，焉得不亡？"即命毁之。侍臣曰："未富而骄，未贵而侈，此所以取败。"太祖曰："既富，岂可骄乎？既贵，岂可侈乎？人有骄侈之心，虽富贵，岂能保乎？处富贵者，正当抑奢侈，宏俭约，戒嗜欲，以厌众心，况穷天下之技巧以为一己之奉乎？其致亡也宜矣。然此亦足以示戒，覆车之辙，不可蹈也。"

释读：朱元璋因陈友谅镂金之床，而有骄侈覆辙之戒。《格物通》指出，骄侈之心，纵欲之萌，危亡之道也。大夫而骄侈则失其家，诸侯而骄侈则失其国，天子而骄侈则失其天下，不可不防之于其始也。

◎洪武十年（1377年）九月，上谓侍臣曰："前代庸君暗主，莫不以垂拱无为借口，纵恣荒宁，不亲政事，殊不知治天下者无逸然后可逸。若以荒宁怠政为垂拱无为，帝舜何为曰耄期倦于勤？大禹何以惜寸阴？文王何以日昃不食？且人君日理万几，怠心一生，则庶政壅滞，贻患不可胜言。朕即位有年，常以勤励自勉，达旦即临朝，晡时而还宫。夜卧不能安席，披衣而起，或仰观天象，见一星失次，即为忧惕；或量度民事，有当速行者，即次第笔记，待旦发遣。朕非不欲暂安，但祇畏天命，不敢故尔。朕言及此者，但恐群臣以天下无事，便欲逸乐，股肱既惰，元首丛脞，民何所赖？《书》云：'功崇惟志，业广惟勤。'尔群臣但能以此为勉，朕无忧矣。"

释读：《格物通》指出：语有之，燕安鸩毒。夫燕安若小事也，而比之鸩毒焉。孟子曰"生于忧患而死于安乐"。二者之间，生死以之，可不戒哉？太祖皇帝忧勤一念，终始如一，其所以拳拳戒告于群臣者如此，真有以契乎周公《无逸》之戒矣。嘉靖元年，嘉靖皇帝以暑月暂停经筵日讲，湛若水担心："夫人之心，无所用则放，有所儆则存。故废于讲学，则或继以逸欲，不可不豫戒也。孟轲曰：‘虽有天下易生之物也，一日暴之，十日寒之，未有能生者也。’言人主不可一日不亲贤讲学也。《书》曰：‘惟圣，罔念作狂；惟狂，克念作圣。’（《尚书·周书·多方》）圣狂远矣，乃系于一念之微，可不寒心哉？夫天下之事，禁之于未然者易，救之于既坏者难。”六月初十日，湛若水遂以翰林院编修上《初入朝豫戒游逸疏》，以史为鉴，劝诫皇帝不可耽于游玩，贪图安逸。指出：以大舜之圣，其臣犹戒之“罔游于逸，罔淫于乐”。周公作《无逸》戒周成王，指出殷三宗（太甲为太宗、太戊为中宗、武丁为高宗）、周文王之无逸（不贪图安逸），故能在位时间长久，这四个人是哲人啊！殷三宗后继位之王，贪图舒适安逸，自此后，没有人能在位长久的。有的十年，有的七八年，有的五六年，有的三四年，逸欲愈甚，而享年愈促。所以，继承王位之人，不能放纵自己，不能过分地贪图欢乐，贪图安逸，贪图游玩，贪图游猎。

第四章 齐家智慧 缘情制礼

一、家教·家道

湛若水《泉翁大全》卷之三十二载《家政训》：呜呼！来乃子乃孙、乃兄乃弟、乃夫乃妇，乃各正尔攸事。夫正于外，妇正于内，士正于学，农正于耕，工正于艺，商正于货。六者正矣，夫然后家事正。家事正矣，然而必正其道。父正尔慈，子正尔孝，兄正尔友，弟正尔恭，夫正尔义，妇正尔顺。六者正矣，夫然后家道正。家道正矣，然而必正其本。父正尔心，则罔不克慈；子正尔心，则罔不克孝；兄正尔心，则罔不克友；弟正尔心，则罔不克恭；夫正尔心，则罔不克义；妇正尔心，则罔不克顺。是故一心正而六道行矣，六道行而六事修矣。君子曰："夫苟正其心，虽以措诸天下其可也。"是故父父，子子，兄兄，弟弟，夫夫，妇妇，而天下正矣。独家政也哉！

湛若水《敕赠文林郎太常寺博士李君配封太孺人楼氏墓表》云："夫世德以明其本也，智以昭其才也，正直忠信以著其德也，廉介以考其节也，孝友以□其行也，听顺以观妇也，慈爱以观母也。夫君子行是七者于家政，阳德五，阴德二，以应奇偶之数。阳以理外，阴以理内，应天地之象。外内合德，夫夫，妇妇，父父，子子，兄兄，弟弟，而家道理矣。家道理，而门祚昌矣。"

湛若水《观服勤堂集偶书》云："夫服勤堂者，粤峰梁氏之堂也。何名乎服勤尔？志圣谕以自励，以裕诸其子孙也。何以云集？粤峰氏集之以裕诸其子孙云尔也。凡集之伦有五焉，一曰恩纪，二曰衍训，三曰爱纪，四曰杂咏，五曰书启。凡厘为六卷。是故恩纪，著知遇也；衍训，存孝思也；爱纪，昭交际之善也；杂咏书启，示文艺也。俾其子若孙知乃祖乃父之积善垂范而不敢忘，立家教焉。故读恩纪，则思君赐之殊偶，知己之不遇，而其敬心惕然而生矣。读衍训，则思报本反始之义，而其孝心油然而生矣。读爱纪，则思声应气求之义，曰：‘吾祖、吾父、吾前文人故所与游，尽达人长者。’而其慎交之心确然而生矣。读杂咏书启，则曰：‘吾家之文献也。增其高，崇其光，不在我后之人乎！’于是肯堂构之心勃然而生矣。”

◎家人有严君焉，父母之谓也。

释读：此《周易》家人卦彖传文。《格物通》指出，凡人之心必有所主，而严惮乃能自治。有天下者，天下之主也。有一家者，一家之主也。父母以主乎一家，有君道焉，家人之所取则焉者也。严而敬之，则伦理正，恩义笃，而家道理矣。不然，情胜礼，恩胜义，而家道乱矣。善事其亲者，事之如事君，则父母之命行，而一家无不率者矣。家其有不齐耶？

◎立爱惟亲，立敬惟长，始于家邦，终于四海。

释读：出自《尚书·商书·伊训》。《格物通》指出，此太甲新嗣位，伊尹告之之言也。立，植也。立爱于天下，使天下之人各爱其亲者，必自吾之亲始。立敬于天下，使天下之人各敬其长者，必自吾之长始。所谓老吾老以及人之老，长吾长以及人之长也。始于家，达于国终，而措之天下矣。夫家邦、四海之人，可谓众矣，其于人君势若相悬矣，然感之而无不应者，何也？以其心同也。孝弟（悌），人之真心，所不虑而知，所不学而能，所谓良知良能者也。是心也，放之四海而准，故君人者可不尽之于心，行之于家，而达之于国，于天下乎？

◎人道亲亲也，亲亲故尊祖，尊祖故敬宗，敬宗故收族，收族故宗庙严，宗庙严故重社稷，重社稷故爱百姓，爱百姓故刑罚中，刑罚中故庶民安，庶民安故财用足，财用足故百志成，百志成故礼俗刑，礼俗刑然后乐。

释读：此《礼记·大传》文。《格物通》指出，此明王者亲亲之效大也。宗谓宗子，言为祭祀之所宗也。亲亲何以尊祖？祖者亲之所出也。尊祖何以敬宗？宗者祖之统也。敬宗何以能收族？族者宗之属也。收族何以严宗庙？人心萃故宗庙肃也。宗庙严何以为重社稷？社稷受之宗庙者也。重社稷何以爱百姓？百姓社稷之本也。爱百姓，刑罚何以中也？庶民何以安也？财用何以足也？百志何以成也？礼俗何以刑也？和乐何以起也？盖乐生于礼，礼形于志，志集于用，用足于民安，民安于法平，法平于仁民，仁民达于亲亲。故一亲亲而尊祖也，敬宗也，收族也，严宗庙也，重社稷也，爱百姓也，平刑罚也，足财用，成百志，兴礼乐也，而百顺萃焉。此之谓理一分殊，物我两尽，先王继志述事之大者莫过于此矣。

◎仁人不过乎物，孝子不过乎物，是故仁人之事亲也如事天，事天如事亲，是故孝子成身。

释读：出自《礼记·哀公问》。《格物通》指出，仁人、孝子之心，尽分而已矣。父母全而生之，子全而归之，所谓不过物也。事亲事天，其道一也，是故可以言成身矣。成身者，德业之至也。人君有事亲事天之责者，可不致力乎？

◎文公六年（前621年）。闰月，不告月，犹朝于庙。十有六年。夏五月，公四不视朔。

释读：出自《春秋》经文。《格物通》指出，此《春秋》书鲁文公始废告朔之礼也。夫告朔之礼行于祖庙，所以重正朔，尊祖考，萃人心，勤政事，一举而众善集焉。鲁之先公嗣而行之，无敢废者。至于文公，六年闰，不告月，已有不视朔之渐矣。十有六年，夏五月，四不视朔，其尊祖之心已荡然矣。故《春秋》两书其事，以著此礼之废实始于此，而文公不得辞其无上慢祖之罪矣。

◎洪武元年（1368年）。十二月，上退朝还宫，皇太子、诸王侍。

上指宫中隙地，谓之曰："此非不可起亭馆台榭，为游观之所。今但令内使种蔬，诚不忍伤民之财、劳民之力尔。昔商纣崇饰宫室，不恤人民，天下怨之，身死国亡；汉文帝欲作露台，而惜百金之费，当时民安国富。夫奢俭不同，治乱悬判。尔等当记吾言，常存儆戒。"

释读：此《明太祖实录》卷三十七文。《格物通》指出，《诗》云："贻厥孙谋，以燕翼子。"《书》云："慎乃俭德，惟怀永图。"教家以俭，其后犹奢；教家以奢，其弊可胜言哉？观太祖谓宫中隙地不起亭台为游观之所，财无浪费矣，但令种蔬，地无遗利矣，是克勤克俭也。至于以商纣之奢、汉文之俭，判治乱之原，指之以示太子、诸王，不惟家法之善，实有以培植宗社之大本也，其崇俭防奢之意深矣。圣明率由祖宗之家法，尚当求之于心焉。

◎洪武十八年（1385年）。九月庚午，上御华盖殿，文渊阁大学士朱善讲《周易》至家人，上曰："齐家治国，其理无二。使一家之内，长幼内外尽其分，事事循理，则一家治矣。一家既治，达之一国，以至天下，亦举而措之尔。朕观其要，只在诚实而有威严。诚则笃亲爱之恩，严则无闺门之失。"

释读：此《明太祖实录》卷一百七十五文。《格物通》指出，家人者，治家之道也。《易》家人卦，彖曰："男女正天地之大义也。"此我圣祖严之谓乎？其九五象曰："王假有家，交相爱也。"此我圣祖诚实亲爱之谓乎？是则家人之道不在《易》，而在圣祖之心矣。夫惟严以莅之，爱以结之，而后齐家之道尽，严爱皆出于心也。

二、孝悌·孝道

湛若水《广孝篇》云："夫先王之治，风化而已矣；风化之道，感应而已矣。""夫尧、舜之道，孝弟而已；孝弟之道，在一念之诚，扩而充之而已矣。是故能扩而充之者，大孝也；不能扩充之者，小孝也。小孝者，孝之疏节也。何谓大孝？始于立身，中于事亲，终于事君。事父孝，故事天明；

事母孝，故事地察。天地明察，神明彰矣。孝弟之至，通于神明，光于四海，是之谓大孝。夫天下相勉于大孝，而王化毕矣。”

◎瞽子，父顽，母嚚，象傲，克谐以孝，烝烝乂，不格奸。

释读：出自《尚书·虞书·尧典》。《格物通》指出，此四岳称舜之孝友以告帝尧也。瞽者，无目之名，舜父号瞽叟。母，舜后母也。顽者，心不则德义之经。嚚者，口不道忠信之言。象，舜后母弟也。傲，骄慢也。谐，和也。烝，进也。乂，治也。格，至也。克谐以孝，烝烝乂，不格奸者，言舜遭父母兄弟之变，而能和顺之以孝道，使之进进以善自治，而不至于为大奸恶也。所谓允若底豫是已。观此可见天下无不可事之亲，顾吾所以事之者，未若舜尔。大舜之心当时惟自见其实有未尽分处尔，非心知其亲之不是而姑若是顺从也。昔罗从彦语云：“舜只为天下无不是底父母。”陈瓘闻而善之曰：“惟如此而后天下之为父子者定。”彼臣弑其君、子弑其父者，尝始于见其有不是处尔。此言足以深明舜之心事。后之欲尽孝弟之道，以法尧舜者，当熟玩之。

◎惟尔令德孝恭，惟孝友于兄弟，克施有政。

释读：出自《尚书·周书·君陈》。《格物通》指出，此成王命君陈之言也。君陈，臣名。令，善也。善事亲曰孝，善事上曰恭。成王言君陈，有令善之德，事亲孝，事上恭。又言惟其孝友于家，是以能施政于邦也。政也者，正也，故能孝则可以正一国之孝矣，能恭则可以正一国之恭矣。成王即其孝友于家而知其必能施政于邦者，家国无二理，齐治无二机也。孔子曰：“居家理，故治可移于官。”（《孝经》）且管蔡之监殷也，惟其不孝不友，故至为逆乱不顺之事。今君陈孝友如此，其能代周公化训殷民，格其旧染之俗而一新之必矣。此东郊之命，成王所以拳拳以属于孝弟之君陈也。汉之贤主诏求孝弟、力田之人，盖犹有古人之遗意也。后之人君用人化俗，必求如君陈孝弟之人，而使之毋汲汲于利口啬夫也乎。

◎夫为人子者：出必告，反必面，所游必有常，所习必有业。恒言不称老。年长以倍则父事之，十年以长则兄事之，五年以长则肩随之。群居五人，则长者必异席。

释读：出自《礼记·曲礼》。《格物通》指出，告谓告亲以所往也。反者，还也。面者，见亲也。有常，有定处也。异席者，席容四人，若五人则长必别一席也。夫人子之事亲，出入告面，敬之至矣。游必有常，谨之至矣。习有恒业，孝之至矣。立身行道，显其亲矣。言不称老，尊亲之至矣。其父事兄事肩随者，盈天地之间民胞物与，均之有父子之义也，均之有兄弟之义也，故其少长之序，天理然尔。异席所以长长也。

◎故孝弟忠顺之行立，而后可以为人。可以为人，而后可以治人也。

释读：出自《礼记·冠义》。《格物通》指出，孝弟忠顺，道也，何以言为人也？道者，人之所以生也。可为人，何以可治人也？成已者斯能成物也。是故人已两尽，而德业一矣。

◎父母有过，下气怡色，柔声以谏。谏若不入，起敬起孝，说则复谏；不说，与其得罪于乡党州闾，宁孰谏。父母怒，不说而挞之流血，不敢疾怨，起敬起孝。

释读：出自《礼记·内则》。《格物通》指出，《孝经》云："父有争子，则亲不陷于不义。"人子之谏亲也，必孝敬以为之本矣。和谏而不入，惟起孝敬焉，曰我孝敬之未至也。熟谏而不悦，亦起孝敬焉，曰我孝敬之未至也。是故孝敬者，谏父母之道也。为人子者可不务乎？

◎孝子之有深爱者，必有和气。有和气者，必有愉色。有愉色者，必有婉容。孝子如执玉，如奉盈，洞洞属属然，如弗胜，如将失之。严威俨恪，非所以事亲也，成人之道也。

释读：出自《礼记·祭义》。《格物通》指出，孝子之爱根乎天性，所谓深也，然而诚矣。诚则著，著则形，由气而色，由色而容，皆爱之著焉，诚之不可掩也。由是，则如执玉，如奉盈，不敢肆也。洞洞然，直而通也。属属然，贯而续也。如弗胜，如将失之，不敢少忽也，敬之至也，爱所生也。爱以生敬，敬以成爱，爱而弗敬，其失也。以恩掩义，敬而不爱，其失也。严威俨恪，故爱敬兼致而后孝道可尽也。何以为成人之道也？夫孝者不失其赤子之心者也。老莱子孝奉二亲，斑衣戏彩于膝下，失跌为婴儿之啼，以娱其亲，忘乎其为成人之老也，此其所以为至孝乎！

◎身体发肤，受之父母，不敢毁伤，孝之始也。立身行道，扬名于后世，以显父母，孝之终也。夫孝，始于事亲，中于事君，终于立身。

释读：此《孝经》文。《格物通》指出，身体发肤，亲之遗体也，不敬其身则毁伤，毁伤则是伤其亲也，岂得为孝？故少而敬谨守身，不敢毁伤，孝由此始也。及壮而出仕以事君，则推父母之所生者以尽忠尔，故曰事君不忠非孝也，故为孝之中。及其由少而壮而老，体道于身而身立，则体父母所生而全归名于天下，传于后世，是即父母所生之道传名于后世，而孝道毕矣。

◎有子曰："君子务本，本立而道生。孝弟也者，其为仁之本欤！"

释读：此《论语·学而》语。《格物通》指出，所谓本者何也？天理是也，吾心之本体也，所谓天下之大本也。君子之学惟用力于此，随处察识而培养之，则大本以立而达道行矣。故曰本立道生。然所谓本者何也？人之本心也。故指孝弟以为仁之本者，盖孝弟乃人之初心也，乃人之真心也。孟子所谓良知良能，此天理之本体也。朱熹曰："良心之发，最为切近而精实者。"即此体认其真心尤为易得，故扩充之，则亲亲仁民爱物无不由此本心流出，随处贯通浃洽，而天下之达道在是，全体大用无亏矣。故孟子曰："尧舜之道，孝弟而已矣。"此德业之大原，而学问之至要。人君修身以尽齐治平之道者，不可不深致力焉。

◎谨庠序之教，申之以孝悌之义，颁白者不负戴于道路矣。

释读：出自《孟子·梁惠王上》。《格物通》指出，此章言既富之后，不可无学校之教，乃致王之本也。然而学校之教，莫重于人伦，而人伦之中莫切于孝悌。孝悌乃人之真心，人所同有者也，故因心之爱敬，而以孝亲悌长之道根于天性者，而三令而五申之，致其丁宁之意，以发其天性之真，则知爱亲敬长而代其劳，自五十以上，头半白黑者可以不负于背，戴于首，勤劳于道路矣。此义明，则推之五伦皆明，所谓人伦明于上，小民亲于下，亲亲长长而天下平矣。

◎王者父事三老，兄事五更者，欲陈孝弟之德，以示天下也。

释读：出自班固《白虎通》。《格物通》指出，《书》云："立爱惟亲，立敬惟长。"（《尚书·商书·伊训》）王者，孝弟之至，由中达外，自家而国，所以立爱敬于天下也。父事三老，所以教民孝也；兄事五更，所以教民弟也。是故放诸四海而四海准矣。《记》曰："上老老而民兴孝，上长长而民兴弟。"（《礼记·大学》）

◎天下大悦而将归己，视天下悦而归己，犹草芥也，惟舜为然。不得乎亲不可以为人，不顺乎亲不可以为子。舜尽事亲之道，而瞽瞍厎豫。瞽瞍厎豫而天下化，瞽瞍厎豫而天下之为父子者定，此之谓大孝。

释读：出自《孟子·离娄上》。《格物通》指出，孔门之论孝多矣，孟子此章又发出得亲顺亲一节如此。夫父子之爱，天性也，乃人之真心，即所谓天理也。盖天下悦而归己，是亦可以乐矣，舜则视之如草芥之轻，所重者在父母。舜以为若不得父母之欢心则不可为人，不谕父母于道则不可以为子。舜父顽母嚚，尝欲害舜，然舜惟积诚引咎，尽其道以事之，至于亲亦厎豫焉，感发其真心，盖有以得其欢而顺于道，而舜为人子之心始可解矣。卒之，天下之为父子者皆感发兴起其同然之心，化于慈孝而止其所而无不各有定，天下之人之孝皆舜之孝也，此舜之孝所以为大，足以法天下而传后世也欤！

◎隐公元年（前722年），郑伯置姜氏于城颍，而誓之曰："不及黄泉，无相见也。"既而悔之。颍考叔为颍谷封人，闻之，有献于公，公赐之食，食舍肉。公问之，对曰："小人有母，皆尝小人之食矣，未尝君之羹，请以遗之。"公曰："尔有母遗，繄（yī）我独无！"颍考叔曰："敢问何谓也？"公语之故，且告之悔。对曰："君何患焉？若阙地及泉，隧而相见，其谁曰不然？"公从之。公入而赋："大隧之中，其乐也融融！”姜出而赋：“大隧之外，其乐也泄泄！”遂为母子如初。君子曰：“颍考叔，纯孝也，爱其母，施及庄公。”《诗》曰：“孝子不匮，永锡尔类。”其是之谓乎！

释读：此《左传》文。颍，本作颖，据杨伯峻考证改。写郑庄公因恼恨母亲武姜偏爱其弟共叔段，在用武力打败弟弟后，将母亲圈禁于颍，并发了个毒誓：“不及黄泉，无相见也。”但毕竟是自己亲生母亲，就后悔了。有位孝子颍考叔给郑庄公出了个凿地及泉相见的主意，母子遂得相见，“其乐也融融”。母子亲情，虽难免有时生出怨恨之心，说出出格的话，但并非不可以“为母子如初”。调解的人需精通权变之道，给当事人找个台阶下。顺台阶而下，其乐融融。湛若水《金台答问录》评论说：“盖庄公彼时执于誓言，虽有悔心，无从而发。以颍考叔之贤，岂不知盟誓之非，而全母子之道为大？故因庄公信泥盟誓，而姑为掘地及泉之说，以所明通其蔽，乃为善引其君也。如孟子好货好色之说，皆变而不失其正者也。”湛若水《格物通》指出，父子之爱，天性根于心而不可解者也。庄公以叔段之故，遂置其母，私欲蔽之也。既而悔焉，天理之不容泯灭也。考叔因其善端而开发之，盖亦因其所固有者而扩充之尔，非庄公所本无而考叔能锡与而外益之也。虽然，考叔纯孝人也，事亲孝故忠可移于君。然则人君欲孝其亲者，可不讲学以扩充之乎？故曰：“苟能充之，足以保四海。”此又孝之大者。

◎唐宣宗大中七年（853年）。冬十二月，上事郑太后甚谨，不居别宫，朝夕奉养。舅郑光历平卢、河中节度使，上与之论为政，光应对鄙浅，上不悦。留为右羽林统军，使奉朝请。太后数言其贫，上辄厚赐金帛，终不复任以民官。

释读：《格物通》指出，宣宗奉养太后，无间朝夕，然而不听其舅之请，宁厚赐金币，爱而不从其令，以伤其明，可谓尽事亲之礼者矣。后之人君爱敬其亲者，宜观于此，慎毋以从令为孝哉！

◎国朝洪武三年。二月，太祖皇帝行后苑，见巢鹊卵翼之劳，喟然叹曰：“禽鸟劬劳若是，况人母子之恩乎？”乃令群臣有亲老者，许归养。时故元镇抚陈兴被俘来京，恩待甚厚。兴言有母在嵩州，年八十余，欲求归养。即赐白金衣帽，遣之。兴辞，太祖顾谓侍臣曰：“孝弟之性，天下皆同。陈兴虽武夫，闻朕言，即怆然思归。朕始不知其有母，若知之，肯令其违远耶？人寿不过百岁，今其母年已八十余，万一不得相见，兴有无穷之痛。兴归，母子相见，其乐宜何如？”侍臣曰：“陛下以孝治天下，推测人情无微不烛，非惟一家之老者得所，天下之惸（qióng）独鳏寡，皆蒙其惠矣。”太祖曰：“人情莫不爱其亲，必使之得尽其孝。一人孝而众人皆趋于孝，此风化之本也。故圣王之于天下，必本人情而为治。”

释读：《格物通》指出，亲亲而仁民，仁民而爱物。齐王不忍牛之觳觫（hú sù），孟子谓其恩足以及禽兽，而功不至于百姓。太祖皇帝因巢鹊卵翼而感母子之恩，令群臣归养，且及于亡国之俘，使全母子之爱，非自其天性孝友中来耶？是亲亲仁民，爱物仁孝，上下周洽，立慈孝之教于天下，所谓皇建有极也。圣子神孙，当以圣祖为法焉！

◎隐公元年，叔段入于鄢，公伐诸鄢。五月辛丑，大叔出奔共。书曰：“郑伯克段于鄢。”段不弟，故不言弟；如二君，故曰克；称郑伯，讥失教也；谓之郑志。不言出奔，难之也。

释读：此《左传》文。《春秋》书中有众多兄弟间的故事。比如《春秋》开篇的鲁隐公。由于夫人没有生子，鲁惠公就纳了夫人的丫鬟为妾，生鲁隐公，后来又纳了个宋国公主为妾，生鲁桓公，隐公和桓公是兄弟。鲁惠公死时传位于隐公，隐公和桓公虽然都是庶出，但隐公因母亲出身低微，所以觉得自己是暂代王位，等桓公长大就让位。隐公十一年，有个叫羽父的表叔，起先曾劝隐公杀桓公，隐公不愿意，羽父又反过来挑拨桓公杀了隐公。湛若水认为，此是兄弟相残，更是臣弑君，罪莫大焉！隐公元年“郑伯克段于鄢”更讲了一个兄弟动武、大打出手的故事。段，郑伯之弟。鄢，今河南鄢陵。郑国郑武公与夫人武姜生了两个儿子，老大名寤生，即郑庄公，老二名段，又称共叔段。武姜因生郑伯时难产，就一直不喜欢郑伯而溺爱段，曾求武公立段而未果。郑伯（庄公）即位后，段仗着母亲武姜的骄纵肆意妄为，而郑伯对于大臣一再规劝其出手制止总是一忍再忍，称“多行不义必自毙，子姑待之”。这是典型的姑息养奸，湛若水认为，“是郑伯之处心积虑杀段也”。郑伯处心积虑要置段于死地，所以一再纵容段犯错，以至于其众叛亲离，然后一举击溃之。有人将郑伯克段比于周公诛杀管叔、蔡叔。周武王、周公、管叔、蔡叔是兄弟，武王死，年幼的成王继位，周公摄政，管叔、蔡叔叛乱，周公平叛。湛若水认为：“周公爱弟之情，忧国之志，仁之至义之尽也，直在周公，曲在管、蔡也。郑伯养弟之恶而杀之，不仁不义之甚，曲在郑伯也，乌得比而同之！”湛若水《格物通》指出，叔段不弟如二君，是无事长之义矣。郑伯失教，志杀其弟，是无友爱之慈矣。此宋儒吕祖谦所以深诛其心术之微而不可逭乎。惟大舜之仁心，笃于亲爱之诚，故能处傲象而烝乂、不格奸也，可以为事长慈幼之法矣。

◎昭公元年（前541年），夏，秦伯之弟针出奔晋。

释读：此《春秋》经文。《格物通》指出，针者，秦桓之爱子，景之弟也。书弟，书出奔晋者，罪景之不友于弟，至不能容于我土也。夫为人兄者，根于天性，推其同气之恩以慈其弟，尊其位，重其禄，同其好恶，共安富贵可也，何至使之出奔乎？虽为大被长枕共榻可也，何至使之奔晋乎？景也残忍刻薄，忮害同支，使之出奔越境，无异于路人，此天伦所由坏也。《春秋》以能友责人兄，故罪景以为后戒。

◎杨时谓李夔（kuí）知杭州钱塘县事。有兄弟争财而讼者，累政不能决。公至，取案牍焚之，谕以“同气至情，财不足言”。兄弟感泣，拜于庭而去。异日公复过钱塘，二人犹求见公以谢。

释读：《格物通》指出，孩提之童无不知爱其亲，及其长也无不知敬其兄，天之性也，故谓之良知良能。争财致讼，情欲相攻，而天性灭矣，岂刑狱之所能回哉？李夔一言而兄弟感悟，其贤于五刑三千者矣，何也？得心之本然故也。

◎元许衡曰：“有家有国，所以立嫡嗣。无所争者，出于无为而分定故也。如走兔在野，人竞逐之；积兔在市，过而不顾，此之谓分定。”

释读：《格物通》指出，兔一也，在野则人竞逐，在市则人不顾，何也？分之定与否故也。同一家国也，嫡不立则人起觊觎之心，嫡既立则人有安分之意者，何也？预定与不预定之验也。许衡无为而分定之论不可易矣。

三、男女·夫妇

◎有天地然后有万物，有万物然后有男女，有男女然后有夫妇，有夫妇然后有父子，有父子然后有君臣，有君臣然后有上下，有上下然后礼义有所错。夫妇之道，不可不久也，故受之以恒。

释读：出自《周易》序卦传。《格物通》指出，夫妇者，原于天道而关于人道，其用大矣。夫夫妇，原于男女之成，男女之成由于万物之生，万物之生由于天地之判，是夫妇原于天道之大也。夫妇相感而后有生育，生之者父，所生者子，父者君道，子者臣道，君臣位则上下分，而礼义之道行于上下君臣父子之间，大道行而天下治矣。是夫妇关于人道之大也。若非夫妇，则始而天地之道息矣，终而人伦之道灭矣。夫妇之道其可以不恒久邪？古今不易之经也，《易》首咸恒，圣人之意深矣哉！

◎关关雎鸠，在河之洲。窈窕淑女，君子好逑。

释读：出自《诗经·周南·关雎》。《格物通》指出，此美后妃之诗，文王正始之道也。妃配得其贤，则男女正而万化行，况人君为天之子，后妃母仪天下，可不择德以相配乎？故曰窈窕淑女，君子好逑，盖言文王之圣而得太姒之贤，以德配德，健顺相承，王教自此始矣，故曰好逑。虽然，闺门托始，实在人主一念理欲之间，人主苟知重人道之始，好德而远色，则必择德以相匹，文王、太姒是也。苟一念不正，惟知乐色而忘德，则悖理犯义，其祸有不可言者。然则夫妇者正家之始择配者，正夫妇之始正念者，又择配之始可不慎与！

◎隐公二年（前721年），九月，纪履緰来逆女。桓公三年，公子翚如齐逆女。

释读：此《春秋》经文。《格物通》指出，履緰，纪之臣也。翚，鲁臣也。逆，迎也。君子之道，造端乎夫妇，逆女必亲谨，有家之始也，故奠雁示守也；御之以绥，示受之也；导之以行，示阳先阴后之义也。二君乃委命于臣，不正其始，夫妇之道乖矣。《春秋》书之，以为后鉴，宜哉！

◎桓公八年（前704年），祭公来，遂逆王后于纪。桓公九年，春，纪季姜归于京师。

释读：此《春秋》经文。《格物通》指出，不亲迎而使臣往迎，春秋之习则然矣，此则为王者略之。然而始迎则书王后，正名分也。及归，则书季姜，正妇道也。且知所谓王后者乃季姜也，互相发矣。京师，四方之极，闺门，风化之始。始正名分，继明妇道，而风化之本正矣。

◎庄公十二年（前682年）。春王正月，纪叔姬归于酅。

释读：此《春秋》经文。《格物通》指出，叔姬归酅（xī）者何？明志也。曰归者何？明所天也。叔姬，纪侯之媵（yìng）妾也。酅者，纪国之属邑也。叔姬者以宗庙在酅，归奉其祀也。夫仁不以盛衰改节，义不以存亡易心，志定故也，天一而已故也。叔姬以一妇人，尚能全节守义，立纲常于万世，其志亦可庄也。《诗》曰“髧（dàn）彼两髦”（《诗经·鄘风·柏舟》），誓弗二天，殆与共姜之节同垂不朽。后之卖国降虏，奄奄出妇人下，其志亦可悲夫！

第五章

治国理政　心学为本

一、敬天・畏民

嘉靖十年八月十二日，湛若水时任礼部右侍郎，奏《进天德王道第一疏》云：

> 臣所以谓众美皆本于敬天者，何也？万善同出一原也。天也者，道之大原也，盖无往而非天也。所以谓无往而非天者，天无所不覆也，天无所不贯也。《记》曰："人者天地之心。"宋儒程颢曰："天人一也，更不分别。天地之气，乃吾气也。"是故喘息呼吸皆天也，性情形体皆天也，好恶用舍皆天也，食息起居皆天也。民，天之民也；贤，天之秀也；工，天之工也。故孟子曰："尽其心者，知其性也，知其性则知天矣。存其心，养其性，所以事天也。"《诗》曰："昊天曰明，及尔出王；昊天曰旦，及尔游衍。"《书》曰："天聪明自我民聪明，天明畏自我民明威。"又曰："天叙有典，敕我五典五惇哉！天秩有礼，自我五礼有庸哉！"又曰："天命有德，五服五章哉！天讨有罪，五刑五用哉！"由是观之，自心性存养，而出王游衍，而视听好恶，而典礼命讨，何往而非事天之实乎！仰惟皇上稽古制作，分郊祀以专其事，精礼乐以致其飨，亲制文以通其诚，敬天可谓至矣。皇上之心，必且至诚无息，故日御经筵，召问大臣，诚祀祖考，敬事两宫，肇兴内教，亲劝农桑，君臣同游。凡若此

者，皆天德王道之事，然皆本于敬天一念之端发之也。惟在皇上扩充之以至其极，与天为一，则天德纯存，而王道大行，治化益隆矣。

嘉靖十年九月初十日，湛若水又奏《进天德王道第二疏》：

程颢曰："有天德便可语王道，其要只在谨独。"此言真可谓万世帝王之法也。孔子曰："人道敏政，地道敏树。"臣请以树喻焉。今夫树之为物也，有生意然后有本根，有本根然后有干，有枝叶，有花实。故有生意是有其根矣，而无干枝、花实者，未之有也；无生意是无根矣，而有干枝、花实者，亦未之有也。是故王道者，干枝、花实之类也；天德也者，本根之类也；慎独也者，本根生意之类也。是故古之明王必先务本，而盛德大业于此而生焉。故曰："徒善不足以为政，徒法不能以自行。"又曰："圣人既竭心思焉，继之以不忍人之政，而仁覆天下矣。"昔者鲁哀公问政于孔子，孔子将告之以政，而必推本于学焉。何也？盖学与政一道也。夫九经即政也，孔子将告哀公以九经，而必先之以达道，又先之以达德，又先之以修身而知天，而曰"所以行之者一也"，何耶？盖九经者，王道之大端也，达道、达德、修身以知天而行之一者，所以谨独而立天德也。然则天德为王道之本，而谨独又为天德之本，断可知矣。孟子曰："人皆有不忍人之心，先王有不忍人之心，斯有不忍人之政矣。"夫心也者，天德也，生意、根本之类也；政也者，王道也，干枝、花实之类也。夫仁义礼智，天德也。扩之至于足以保四海焉，王道备矣。是故由恻隐之心而充之，则凡省刑薄敛，惠鲜怀保，而天下之仁政行矣。由羞恶之心而充之，则凡纳谏悔过，去谗远佞，而天下之义政行矣。由辞让之心而充之，则凡谦光受善，敬老尊贤，而天下之礼政行矣。由是非之心而充之，则凡内以领恶而全好，外以爵德而讨罪，而天下大智之政行矣。然则天下大政之出于心，而大道之发于天德，帝王之行在养心以崇德，以为万事万化之本，断可知矣。由是言之，则乍见怵惕恻隐之心，无所为之心也，乃真心也，纯王之心也。其纳交要誉恶其声之心，有所为之心也，乃伪心也，杂霸之心也。

故王霸之道又于此焉判矣。是故帝王之学，在审其初而定志焉尔。恭惟陛下继统以来……毅然以复古为己任，制礼作乐，兴废举坠，王道之事，已渐举行，何待臣愚之言哉！然臣尝闻之，道无终穷，学无止足。程明道先生有言曰："泰山高矣。泰山之上已不属泰山。尧、舜事业也只是太虚中一点浮云过目。"盖言道体无穷，而学不可止足也。……所谓学者，即谨独是也。非止于记诵讲说之间，而学、问、思、辨、笃行，所以进乎此者也。所谓独者，固所独知之理也，即天理也，即天德也。察见此理，立则见其参于前，在舆则见其倚于衡。戒慎恐惧，而敬以存养之，令有诸己。终日乾乾，深宫必于是，大庭必于是，静居必于是，临政必于是，随处体认天理而力行之，无顷刻而或离焉。日积月累，则将月异而岁不同，心纯乎天道，诣乎天则，天德日盛。所谓立之斯立，道之斯行，绥之斯来，动之斯和，天下莫不丕应徯志。凡古先帝王之政治，无一而不悉举，而王道大备矣。

◎以贵下贱，大得民也。

释读：此《易经》屯卦象辞。《格物通》指出，阳为贵，阴为贱，初九当屯难之时，以阳而来居阴下，为以贵下贱之象，如是则群阴归从之，以济屯难，故有大得民之象。《书》曰："民可近，不可下。"君下视其民而不恤，民斯远矣。以贵下贱，近民之谓也。故上爱民如子，则民亦爱之如父母矣，非畏民之君，其能然乎！

◎惟天无亲，克敬惟亲。

释读：出自《尚书·商书·太甲》。《格物通》指出，此伊尹告太甲之言也。伊尹言：上天无常亲，能敬者则亲之。人君动静语默，不使一毫之慢，则能敬矣，敬则德与天合，天岂有不亲之乎？

◎先王顾諟天之明命，以承上下神祇。社稷宗庙，罔不祗肃。

释读：出自《尚书·商书·太甲》。《格物通》指出，此伊尹告太甲以成汤之敬天者，欲其法之也。顾者，常目在之也。諟（shì），古是字。明命者，上天显然之理，而命之我者也，即天理是也。承者，奉也。上下神祇，天神地祇也。祇，敬也。肃，畏也。伊尹言：成汤察见天理，动静食息，常目在之焉，故于奉祀天地神祇、社稷宗庙之时，无不敬肃也。盖天理无时无处不在，此特其著见之大者尔。其所谓顾諟，即孔子所谓“立则见其参于前，在舆则见其倚于衡”也。如此，则其心诚敬，可以交于神明，是故祭天地则能敬天地，祭社稷宗庙则能敬社稷宗庙，盖罔不祇肃，即顾諟之心发之尔。人君为天地社稷宗庙百神之主，其可不敬天明命，以为感格之本乎？

◎乃命羲和，钦若昊天，历象日月星辰，敬授人时。

释读：出自《尚书·虞书·尧典》。《格物通》指出，此乃史臣记帝尧敬天勤民之政也。羲氏、和氏，主历象授时之官也。若，顺也。昊天，广大之天。历是纪数之书，象是观天之器，如玑衡之属是也。日，阳精，一日而绕地一周。月，阴精，一月而与日一会。星者，二十八宿，众星为经，金、木、水、火、土五星为纬，皆是也。辰，以日月所会，分周天之度为十二次也。人时，谓耕获之候，凡民事早晚之所关也。夫在天成象，在人为时，天象各有常度，四时各有常运，不得乖违。人君代天理民者也，非敬则不能顺天度以历象，不顺即不敬也，不敬顺乎天以历象，故阴阳不序，而寒暑反易，安能定四时以敬授乎民，使知耕获之候、人事之序乎？此尧放勋之治首汲汲于此，故圣人先天而天弗违，后天而奉天时，始终一敬尔。为人君者，奉天理民，可不敬乎！湛若水《金台答问录》记载，有门人王世隆问：“汉史谓天文星象，精本在地，而其象在天，其说甚善。后人以李淳风观乾象占武后事，亦谓事皆前定，殊不知武后在高祖入宫时，太宗悦其色，其精祲固已有相盛之理，其它时杀唐子孙殆尽者，固已造根于此，至太宗纳为妃时，天象兆见于上。岂非精本在地而象见于天之说欤？大凡事之前兆，必先有人造下根在那里，后至萌芽。或渐长时，其兆始见，浸淫不已，其事方应。究其所以，皆人为之感召也。不知如何？”湛若水答：“星象官名之说，吾素所不信。天道远，人事迩，故圣人所不言，圣门之学，惟切问近思而已矣。”

◎可爱非君，可畏非民？众非元后，何戴？后非众，罔与守邦？钦

哉！慎乃有位，敬修其可愿。四海困穷，天禄永终。

释读：出自《尚书·虞书·大禹谟》。帝舜将传位于禹，舜告禹说的话。嘉靖二年（1523年）四月初四日，湛若水《经筵讲章》进讲曰：民是天下百姓。元后是大君。戴是奉戴的意思。钦即是敬。慎字解做谨字。可愿，凡可愿欲的皆是善事。上文既告他存心，出治之本，听言，处事之要。至此又告他说百姓在下，自生自养，未必知人君是可爱，然可爱的岂不是君？人君在上，自尊自贵，未必知那民是可畏的，然可畏的岂不是民？盖百姓每全仰赖人君去管治他，才得相安相养，若非人君，则强的便凌那弱的，众的便暴那寡的，都不得安生了。这便是“众非元后，何戴？”以此看来，君岂非可爱？至于人君全倚靠那百姓去护卫他，才得安富尊荣。若非百姓，则城池谁与他守？社稷谁与他保？都不能安享了。这便是“后非众，罔与守邦。”以此看来，民岂非可畏？夫君民相须如此，岂可忽略？故又曰“钦哉”，言不可不敬也。盖人君所居的位乃是天位，这个天位安危不常，当敬谨保守他，不可一念不谨，不可一事不谨。盖人君的心即人民的心，人民的心即上天之心，所赖以合天人，通上下，只在这一心之敬。如人君度量心上过得的，百姓的心也便喜欢。凡人心所愿欲的勾当，这便是善。这个善端要敬以修之，存于心，发于政，都是这个善念扩充的出来，事事停当，便事事合人心。夫心有或一些不善，则生于心，害于政，便殃及于下，四海的百姓，至于困穷过活不得。寒的不得衣，饥的不得食，饥寒切身，礼义不顾。民心离，天心去，人君所享的天禄，一绝不可复续了。这是何故？民心一散，不可复合，天心一去，不可复留。到这时节，君不见其可爱，而民愈见其可畏也。臣惟人君以九重之尊，临兆民之卑，鲜不轻视其民以不足恤者，然尝观之，天人之际，甚可惧也。得乎民之心则得天之心，而天位安；失乎民之心则失天之心，而天位危。盖天民一理，上下无间，其得失存亡之机，系乎人君一心之敬否何如耳。故敬者乃圣学之要，而致治保邦之本也。

◎天聪明自我民聪明，天明畏自我民明威，达于上下，敬哉有土。

释读：出自《尚书·虞书·皋陶谟》。嘉靖二年九月十二日《经筵讲章》，湛若水进讲曰：这是《尚书》史臣记皋陶告帝舜语。明是显明那有善的人，畏是刑威那为恶的人。威字与畏字同。上即是天，下即是民。敬是心无所慢。有土谓有民社者，指人君说。皋陶陈安民之谟于帝舜，上文既言典礼命讨出于天，此又申言民即是天之所在，以勉其不可不敬，说道天理显然若有闻见。天之聪明何曾有个耳目？盖百姓每耳目即是天之耳目，而视听无不聪明。其五典五礼、良知良能，皆出于天。这便是天之聪明寓于民，所以说天聪明自我民聪明。福善祸淫，断不僭差。天之明畏，何曾有个好恶？盖百姓每好恶，即是天的好恶，而秉彝自有良心。其五服五刑、公是公非，皆由于天，这便是天之明畏寓于民，所以说天明畏自我民明威。夫天至高在上，民至卑在下，上下都似不相关一般。但天人同是一气，人是天地之精。天无心，人民之心，便是上天之心，民心之所在，即是天理之所在，此气此理通达无间。有民社为人君的，可不知所以敬其民以敬天哉！必要兢兢业业，常存敬畏。凡在典礼，寅恭和衷，不敢荒淫怠忽；凡在刑赏，懋勉政事，不敢肆意好恶；其敬如此，则民安而天心在是矣。是君心之政，合天民而一之者也。皋陶陈安民之谟而归于敬之一字，可谓至切要矣。臣尝考之有虞之时，慎徽五典，五典克从，可谓敬天聪明之至矣。咨大臣，诛四凶，可谓敬天明威之至矣。然皋陶陈谟于帝舜之前，犹若是其谆切，如严师友在一堂之上者，何耶？盖帝舜不知己之已圣而忘乐善之诚，故皋陶不以舜之至圣而忘敬谨之规，此有虞之治所以后世莫及也。伏望皇上志帝舜之治，体皋陶之言，如帝舜容纳禹、皋陶之言者。其敬民之心如敬天，在宫在廷，念念不忘，若天监临；视听言动，一循乎天理；好恶刑赏，不拂乎民心；则圣敬日跻，治效驯致，而天变可消矣。《格物通》也指出，此皋陶陈谟于舜，欲其敬民也。皋陶言：所谓天之聪明者，非别有他，视听也，即民之视听便是天之聪明。所谓天之明畏者，非别有他好恶也，即民之好恶便是天之明畏。所以然者，盖由天人同气，上下一理，通达流行，更不分别。故《记》亦曰："人者天地之心。"（《礼记·礼运》）民心所存即天心之所在，故忽乎民即慢乎天也。民若可忽也，天顾可慢乎？有天下民社之寄者，可不知所以敬乎民而敬乎天哉！我朝诫石之词曰："下民易虐，上天难欺。"盖亦有见于此矣。伏愿圣明体皋陶之言，鉴祖宗之诫，敬畏小民，以承天心。

◎皇祖有训：民可近，不可下。民惟邦本，本固邦宁。

释读：出自《尚书·夏书·五子之歌》。《格物通》指出，此五子述禹之训也。皇，大也。君之与民，以势而言则尊卑殊分，以情而言则一体相须。故势疏则离，离则下；情亲则合，合则近；言其可亲而不可疏之也。且民者国之本，本固而后国安，其可以下之乎？夫惟其势之不侔，故难亲而易疏；惟其情之相须，故可亲而不可疏。亲则民心归，归则共戴而为人主，疏则民心离，离则孤立而为匹夫矣。故曰民惟邦本。譬如草木，必先有根，而后有干，而后有枝叶。《诗》曰："颠沛之揭，枝叶未有害，本实先拨。殷鉴不远，在夏后之世。"（《诗经·大雅·荡》）此之谓也。《周书》曰"畏于民岩。"为人主者，可不存畏民之心乎？

◎予视天下，愚夫愚妇，一能胜予。一人三失，怨岂在明？不见是图。予临兆民，懔乎若朽索之驭六马。为人上者，奈何不敬？

释读：出自《尚书·夏书·五子之歌》。《格物通》指出，此亦五子歌以警太康之语。予，五子自称，以寓警太康。一能胜予者，谓君失人心则为独夫，独夫则愚夫愚妇皆可以胜我也。三失者，言所失者众也，怨岂在明？不见是图者，民心怨背，岂待其彰著而后知之？当于事几未形之时而图之也。朽，腐也。朽索易绝，六马易惊，以朽索而驭六马，以喻其民心之难收，为可畏之甚也。愚夫愚妇，人君孰不以为可罔也？然得其心则得天下，失其心则失天下。故黎民咸贰，太康之所以失位也。"一能胜予"之言，岂不可验？且民心之怨其上，敢怒而不敢言，岂待其昭著而后知之？能于事几未形之时图之，则能销其变乱于未然。若其已成，则噬脐何及？虽悔何追？君人者可不敬畏之哉！五子此言，最为迫切哀痛，万世君人者，所宜深玩猛省也。

◎天矜于民，民之所欲，天必从之。

释读：出自《尚书·周书·泰誓》。《格物通》指出，此武王誓师之言也。矜，怜也。言天矜怜于民，凡民有所欲，天必从之。如民好善，天则福其善；民恶淫，天则祸其淫。故民欲亡纣，则天意去商也必矣。是故明君不畏方张之强敌，而畏大可见之民心。民心即天地之心也，其可忽乎？

◎曰若稽古，帝尧，放勋，钦明文思安安，允恭克让，光被四表，格于上下。克明俊德，以亲九族。九族既睦，平章百姓。百姓昭明，协和万邦。黎民于变时雍。

释读：出自《尚书·虞书·尧典》。《格物通》指出，此史臣记尧德业之盛。曰若者，发语词。言稽考尧功之大，故曰放勋。然功之大由其德之盛，故以德性言之。钦敬而明，通文理而思，深安安而自然也，其全体如此，是以其发于行实则信以恭，持己由中而出，故曰允。又能让以与人，力足以优为之，故曰克，其大用又如此。有此盛德之光华及于四方之外，格至于天地之远，然四表上下不过天下国家尔，故又言尧能明此钦明文思、允恭克让之大德，故以之齐家则亲九族，而九族既睦，以之治国而平均，章明乎百姓，则百姓昭明，以之平天下协和万邦而黎首之民皆于是而雍和，其所谓被四表，格上下者如此。先曰克明俊德，见自身而家而国而天下，不过体用一原尔。夫尧之放勋必始于钦之一字，大学诚意正心修身齐家治国平天下必始于格物，明德亲民必在止于至善，此可见古人之功业皆本诸身心，后世不先立其本，徒以己之未尝为者而强施之于天下，此道学政术之分为二事，而唐虞三代之治所以不可复也。夫德性之得于天者，尧与桀一也，尧能全其本体，故功德及于天下；桀失其本体，故恶毒病于四方。存之失之皆起于自己一念之微尔。

◎子曰：大人溺于民……夫民，闭于人而有鄙心，可敬不可慢，易以溺人，故君子不可以不慎也。

释读：出自《礼记·缁衣》。《格物通》指出，人与天对，天则理，人则欲也。闭于人者，闭塞于人欲也。鄙心者，鄙陋之心也。虽闭而鄙，然至愚而神也，故可以诚敬感，以血气用事也，故不可以慢易治。君慢而纵欲，而无敬爱之心，斯乱亡继之矣。故曰“易以溺人”。夫君犹舟也，民犹水也。水能载舟，亦能溺舟。故水可畏也，民尤可畏也。古之君子所以“顾畏于民岩”（《尚书·周书·召诰》）者，其以兹哉！

◎子路问君子。子曰："修己以敬。"曰："如斯而已乎？"曰："修己以安人。"曰："如斯而已乎？"曰："修己以安百姓。"

释读：出自《论语·宪问》。《格物通》指出，夫敬，德之聚也。敬则合内外，该心事，通众寡，物我两尽者也。言约而义博，齐家治国平天下，尽之矣。故安人、安百姓，不越乎修已以敬之一言而尽之尔。子思曰"君子笃恭而天下平"，其亦有得于此乎？此有人民百姓之寄者之所当知也。湛若水《新论》云："圣人之道，存之乎心，发之乎事，成之乎治，极之乎参天地。其道岂远乎哉！其功岂小乎哉！"

◎民为贵，社稷次之，君为轻。

释读：出自《孟子·尽心下》。《格物通》指出，恒人之情莫不以君为贵、民为轻也，殊不知社稷所以为民也，君之所以为君者，以有民也。故无民斯无君矣，无君斯无社稷矣。战国之君，率禽兽而食人肉，至于争城争地，则糜烂其民而不恤焉。非惟有害于同体之仁，其于固本宁邦之计亦疏矣。孟子之言虽为当时发，实为万世居民社之寄者告也。

◎齐桓公问管仲曰："王者何贵？"曰："贵天。"桓公仰而视天。管仲曰："所谓天者，非（谓）苍苍莽莽之天也。君人者以百姓为天，百姓与之则安，辅之则强，非之则危，背之则亡。《诗》云：'人而无良，相怨一方。'"

释读：出自刘向《说苑》。《格物通》指出，皋陶云："天聪明自我民聪明，天明畏自我民明威。达于上下，敬哉有土。"故善观天者观诸民心而已矣。管仲之言诚不诬也。古有畏民之君，是以无可畏之民。君人者顾諟天之明命，则动罔非天。一念之微惠及天下，则上天之所谓聪明明威，不必求之民心，而在吾之心矣。

◎武王问政于尹逸。曰："吾何德之行，而民亲其上？"对曰："使之以时，而敬顺之。忠而爱之，布令信而不食言。"王曰："其度安在？"对曰："如临深渊，如履薄冰。"王曰："惧哉！"对曰："天地之间，四海之内，善之则畜也，不善则仇也……若何其无惧也！"

释读：出自刘向《说苑·政理》，武王，应为成王。《格物通》指出，民心之向背，善恶而已矣。所谓善者，敬忠信而已矣。所以行敬忠信者，临深履薄之心而已矣。《书》曰“兢兢业业”（《尚书·虞书·皋陶谟》），其谓是乎！人君恒存兢业之心，则能敬忠信于天下之民，而民归之矣。否则民将不背而为仇乎？宜武王闻之，而发惧哉之叹也欤！

◎洪武十二年。三月戊辰，朔，上御华盖殿。皇太子侍。上问曰：“比日讲习何书？”对曰：“昨看书至商周之际。”上曰：“看书亦知古人为君之道。”因谕之曰：“君道以事天爱民为重，其本在敬身。人君一言一行皆通于天，系于民，必敬以将之，而后所行无不善也。盖善必天鉴之，不善天亦鉴之。一言而善，四海蒙福；一行不谨，四海罹殃。言行如此，可不敬乎？汝其识之。”

释读：《格物通》指出，观皇祖“人君言行皆通于天”之一语，其可谓知道矣。以之谕皇太子，可谓得养太子之本矣。三代之所以有道之长，皆原于此。盖人主知天之在己，则凡所以敬其身者何所不至乎？则凡所以惠于民者何所不至乎？由是言之，言行不善则逆乎天，殃乎民，而为祸无穷矣。为人君者，可不敬乎！

◎国朝洪武十五年。七月庚戌，上谓翰林院学士宋讷曰：“朕每观《尚书》至‘敬授人时’，尝叹敬天之事后世中主犹能知之，敬民之事则鲜有知之者。盖彼自谓崇高，民皆事我者，分所当然，故威严日重，而恩抚浸薄。所以然者，只为视民轻也，视民轻则与己不相干，而畔涣离散。惟能知民与己相资，则必无慢视之弊。故曰：‘可爱非君，可畏非民，众非元后，何戴？后非众，罔与守邦？’古之帝王视民何尝敢轻？故致天下长久者，以此而已。”

释读：此为朱元璋读《尚书·虞书·大禹谟》之感。《格物通》指出，《书》云“抚我则后，虐我则仇”（《尚书·周书·泰誓》），民以为仇则后非其后矣，故“得乎丘民为天子”（《孟子·尽心下》），失乎丘民为匹夫，民不亦可重乎！不亦可畏乎！《书》曰：“弗畏入畏”（《尚书·周书·周官》），故在于人君一念之微尔。君心知畏，仁以抚之，则戴之为君。君心弗畏，不仁以虐之，则叛而为仇。自古之治乱兴亡，未有不在是也。皇祖谕宋讷及此，真知君民一体，而得兴邦致治之本，为万世之所当法也欤！

◎孟子曰："霸者之民，欢虞如也。王者之民，皞（hào）皞如也。杀之而不怨，利之而不庸，民日迁善而不知为之者。夫君子所过者化，所存者神，上下与天地同流，岂曰小补之哉！"

释读：出自《孟子·尽心上》。湛若水《天关精舍讲章》有云：孟子此章分别王霸之辨，最为切至。言王霸而先以民言之者。君如形，民如影；君如声，民如响。观影响则知形声，自有不可掩者。霸者之民如何便欢虞如也？欢虞是喜的气象，盖霸者之政，必有所以使之喜者，是霸者之有心也。有心即有所为而为，即私也。王者之民如何便皞皞如也？皞皞是广大自得，无喜无怒的气象，王者之政必无所使之喜怒者，是即王者之无心也。无心即无所为而为，即公也。王者如天，与天合德，故不令人喜，亦不令人怒也。杀之是王者刑政，刑政因民之心、因天之理而为之，是谓天讨。人将曰："众弃之也，天杀之也。"故不以为怨。利之是王者井田农桑养民之政，因民之利而利之，因天地之利而利之，人将曰："天地自然之利也，吾自耕自凿之也。"故不以为功。民日迁善，是王者之善教，盖因民之性而导之，因天叙天秩而为之，人将曰："吾复吾天也，吾养吾性也。"故不知其教是谁之所为，如天地之生物成物，而物忘乎天地之生成也。夫王者，不怨不庸，不识不知，无所喜怒。盖以王道如天，故不令人喜怒，以致民之皞皞如此也，此是王道。必有天德而后可行王道，天德是大本，王道是大用。故又言君子过化存神之妙，所谓天德也、大本也；又言上下与天地同流之化，所谓王道也，大用也。此君子即指王者言。过化则其心无所留滞，存神则其迹不可测度，此天德也。上下与天地同流，谓生杀变化，如天之无不覆，如地之无不载，不见而章，不动而变，无为而成。非如霸者，但小小补之而已也，此王道也。有天德乃可语王道，何也？天下万事皆有根本，舍天德而言王道，皆苟而已矣。故又探本而言之也。此个天德，人人具有，惟圣贤存之，故孔、孟有此天德，故开口便说王道，但当时人君不能用之耳。颜子有此天德，故箪瓢陋巷，一贫窭之子耳，乃放胆来问为邦，便以王佐自待，何等自任。尔诸生各各自省，所性者何性？所学者何学？所自期待者何如人？今尔同时翕然以趋赴大巡作新之政，必其自期待皆有孔、颜、孟子之志，学孔、颜、孟子之学，存天之性，成天之德也。天德在我，则日用云为无非王道，形之于身，行之于家，播之于乡里朋友，是亦为政，奚其为为政。他日出而为县，为郡，为诸司百职，为科道翰院，为九卿，为辅相，无非佐朝廷以行王道者。今日穷居讲习，岂可不以天德自修自信，自养自成，立大本，以蕴大用，藏器以待时乎？呜呼！勉之。

二、礼贤·纳谏

嘉靖三年（1524年）甲申，二月初四日，时任翰林院侍读的湛若水上奏《乞谨天戒急亲贤疏》：

> 正德之间，天下濒危者屡矣。当斯之时，科道囚，老臣弃，不亲贤之至矣。以今视昔，可不为寒心哉！臣非言事之官，故不敢以及事。臣职在以经术劝圣学，故不敢不恭职，然而圣学修而万事举矣。臣尝读《易》，至屯、否二卦，不能不感慨焉。夫屯者，阴阳始交而难生，君臣欲有为而未遂，此则陛下登极下诏时然也。否者，阴阳隔而不通，内外离而不孚。陛下聪明独照，自视今日于此卦何如哉？夫屯而不济，必至于否，否而不济，则事势之将来有不可言者。一二年间，天变地震，山川崩涌，人饥相食，报无虚月，莫非征召。夫圣人不以屯否之时而缓亲贤之训，明医不以深痼之疾而废元气之剂，故屯之彖曰："天造草昧，宜建侯而不宁。"其象曰："云雷屯，君子以经纶。"否之彖曰："否之匪人。不利君子贞，大往小来。则是天地不交而万物不通也，上下不交而天下无邦也。"言不可不亲贤也。今之元气之剂，急亲贤是也。以为不急之务，非知言者也。夫一举而五事皆得者，急亲贤之谓矣。所谓五事者，成君德一也，定臣志二也，审用人三也，正风俗四也，消变致祥五也。故五事举而王道备矣。我祖宗列圣知其然，故有君

臣同游之训，文华殿入直之规。《诗》曰："不愆不忘，率由旧章。"（《诗经·大雅·假乐》）在陛下今日尤为当务之急也。夫帝王之治莫大乎君臣一德，亲贤而风动之。古之治天下者，盖非家喻而户晓之难也，其为道至约，而其为效至博也。惟恐人君不行，行则可以不崇朝而风天下矣。陛下诚能修举盛典，以大臣之贤为之统领，求在馆、在朝、在野之贤，明先王之学者，俾侍直于文华殿之侧。陛下每日朝罢，即御文华，向晦乃入，俾群贤日相讲磨圣学。其学以德性为本而达于事业；其功在于学、问、思、辨、笃行，以开发聪明而成德行；其要在于体认天理，格物以至知至、意诚、心正、身修，而可致家国天下之治平。人无异学，学无异本，而陛下不时延问，口传神受，左右侍从，罔不闻知，上下内外，同为一心。非惟德性赖此陶成，积此熏蒸，亦可感格。君于此以成其圣，则君德一矣；臣于此以成其贤，则臣德一矣。养之岁月，察其性情，审其材能，孰可以居论道之任？孰可以居集事之职？才德不易用，而匪才德者毋幸进，用人之道于此焉得矣。学有定方，人有定向，歆动情性，鼓舞化机。畿甸之近，四方之远，倾耳而听，跂足而望，闻风慕义，日迁于善而不知为之者。如春风一鼓，百物皆生，风俗于此焉厚矣。天子和德于上，臣庶和协于下，和气细缊，天地之祥应矣。一举五得，而王道可几矣。何今日天变之屡见而不可消？何今日人心摇动而不可收哉？否则君臣离隔，上下不交，君孤立于上，臣遗远于下，君德日衰，臣志日弛，用非其人，风俗薄恶，虽欲长治久安，以享大业，胡可得乎？

嘉靖十年九月二十三日，礼部右侍郎湛若水《进君臣同游雅诗疏》：

臣尝读《易》至泰卦，未尝不三复而为之叹息也。彖曰："泰，小往大来，吉亨，则是天地交而万物通也。上下交而其志同也。"夫天气下降，地气上升，则天地交而为泰，是以万物遂焉。君德下接，故臣德上达，则上下交而为泰，是以德业成焉。是故欲知上下之交与不交，而道之否与泰者，无他故，亲疏之间而已耳。今夫人之相孚也，家人之情异于邻，邻人之情异于乡，何则？亲疏远近异同之势使之然也。故人君之学系乎习近之养矣。古之帝王，前有丞，后有疑，左有辅，右有弼。左右前后无非正人，使亲近以善养之也。帝舜曰："臣哉邻哉！邻哉臣哉！"邻也者，近也，盖言臣当亲近也。又曰："臣作朕股肱耳目。"言臣当相成为一体，非但邻焉而已也，是故有都俞吁咈相可否焉。商王高宗得傅说于板筑之间，而置诸左右，命之曰："朝夕纳诲，以辅台德。"辅也者，言如车辅之相依以相成也。是故有盐梅面麸，相交修焉。尧、舜、殷宗君臣同游之道有如此者，可以为万世君臣之法矣。荀卿曰："学莫便乎近其人。"孟子谓戴不胜曰："子谓薛居州善士也，使之居于王所。在于王所者，长幼卑尊皆薛居州也，王谁与为不善？"贾生曰："胡越之子，生而同声，及其长也，累数译而不能相通。何则？其习使之然也。"故习与善人居之，不能不善，犹生长于齐，不能不齐语也。是故人君之学，系乎习近之养矣。君子养之以善则智，小人养之以恶则愚。故人主一日之间，接贤士大夫时多，则可以涵养德性，熏陶气质，习与智长，化与心成。故曰："少成若天性，习惯成自然。"习养之用大矣哉。我圣祖之心，即尧、舜、殷宗之心也。知帝王之道必近人以学，而后盛德大业成焉。故有君臣同游之训，以垂范于无穷，欲圣子神孙世守之而勿替。

◎周冲问："昔者圣王之官材也：聋者司火，瞽者司乐，跛者、偻者各有所任，是以野无遗才，四方风动，是何等气象！周公之为相，握发吐哺以见贤者，而犹恐失之，是何等精神！"

释读：出自湛若水《新泉问辩录》。《史记·鲁周公世家》载："周公戒伯禽曰：'我文王之子，武王之弟，成王之叔父，我于天下亦不贱矣。然我一沐三捉发，一饭三吐哺，起以待士，犹恐失天下之贤人。子之鲁，慎无以国骄人。'"说的是西周时期，周公姬旦礼贤下士，殷切求才。在洗头或吃饭时，听说有贤士来见，便把湿漉漉的头发扎起来，将吃进嘴里的饭吐出来，赶忙去接待，唯恐因怠慢而失去人才。"周公吐哺，天下归心"被传为千古佳话。

◎鹤鸣于九皋，声闻于野。鱼潜在渊，或在于渚。乐彼之园，爰有树檀，其下维萚。他山之石，可以为错。

释读：出自《诗·小雅·鹤鸣》。《格物通》指出，此盖陈善纳诲于君之辞也。比也。言鹤鸣于九皋，则声闻于野矣，比诚则必形，以讽王之诚身也。言鱼潜在渊，则或在于渚矣，比理之无定体，以讽王之明善也。树檀维萚，比以为美中则有恶。石可为错，比以为恶中则有美，以讽王之审恶取善也。要之，三者惟在审其几耳。能审其几，而有以察见天理，明善于己，取善于人，皆所以诚身，扩而充之，自一念以至于万几，莫非中正纯一之本体，则诚能感物，而四方风动矣，声闻于野之谓也。此诗人含蓄不尽之意，圣学心法之至要，惟圣明留意焉。

◎舜赞尧曰："稽于众，舍己从人。"

释读：出自《尚书·虞书·大禹谟》。《格物通》指出，稽，谋也。此理在人心，本自固有，然或有所蔽，则此理不明，所以不能不资人问询，以警发其良知，盖此理人人同得故也。然徒谋于人而不能从，从而不能舍己，皆不足以成德致治也。故宋儒程颐曰："舍己从人最为难事。"己者我之所有，虽痛舍之，犹惧守己者固而从人者轻也。夫人君一有自圣之心，则不能兼有众善，而忠言不闻，谄谀日至，欲其治也，得乎？尧，大圣也，而舜称之不过如此。故舜好问好察，所以为大智，他日告禹，亦曰"弗询之谋勿庸"（《尚书·虞书·大禹谟》）。禹拜昌言，其得于舜深矣。三大圣皆资人言以自益，况其他乎？伏惟圣明欲法唐虞之治，宜法三圣求善之心可焉。

◎周显王十四年（前355年）。齐威王、魏惠王会田于郊。惠王曰："齐亦有宝乎？"威王曰："无有。"惠王曰："寡人国虽小，尚有径寸之珠，照车前后各十二乘者十枚，岂以齐大国而无宝乎？"威王曰："寡人之所以为宝者，与王异。吾臣有檀子者，使守南城，则楚人不敢为寇，泗上十二诸侯皆来朝。吾臣有盼子者，使守高唐，则赵人不敢东渔于河。吾吏有黔夫者，使守徐州，则燕人祭北门，赵人祭西门，徙而从者七十余家。吾臣有种首者，使备盗贼，则道不拾遗。此四臣者，将

照千里，岂特十二乘哉？”惠王有惭色。

释读：出自《资治通鉴》。《格物通》指出，于此可以占齐魏之强弱也。《书》曰：“玩人丧德，玩物丧志。”（《尚书·周书·旅獒》）魏惠王以之。《楚书》曰：“楚国无以为宝，惟善以为宝。”（《礼记·大学》）威王以之。威王不惟宝得其人，而又烹阿大夫，封即墨，且审于用人，此齐国所以日强也。其后不悟奸人之计而多受间金，王贲捽入而卒至于亡，彼一齐也。前以审人而强，后以不审人而失，有国家者可不鉴诸？

◎微子去之，箕子为之奴，比干谏而死，夫子曰：“殷有三仁焉。”

释读：出自《论语·微子》。湛若水《洪子问疑录》答门人问曰：三仁皆同道，皆欲存殷，若云执定死格子，各择一件去做，是皆出于有意之私，有所为而为矣，且又何补于殷之存亡？盖三子皆纣之父兄贵戚，当时必皆谏诤。微子为兄，见谏而不听，则去位逃出，犹以去谏，冀纣悔悟，故箕子曰：“王子不出，我乃颠隮（jī）。”分明欲其以去谏而救殷之危亡也。其谓抱祭器归周以存宗祀，即此去者，非也。此乃克商之后，面缚衔璧，武王释之之时耳。箕子见其如此，犹谏而不已，纣怒而囚之，是时纣怒犹未甚，故未至死，因狂佯为奴，以冀纣之悔悟而改，故曰：“商其沦丧，我罔为臣仆。”言不忍居臣位而坐视其亡，而安于囚奴也。若以为不事二君之意，乃三子之优为，何必先言之？或以为道在箕子故不死，则是箕子自知有道，即非箕子矣。若比干谏如初益切，故纣怒甚而杀之，比干则安于死，亦以死谏，以冀纣之改而存宗社。事各有前后，所遭各有不同耳。三仁同一存殷之心，无所为而为，天理之正者也，故三子易地则皆然。

◎故将大有为之君，必有所不召之臣；欲有谋焉，则就之。其尊德乐道，不如是不足与有为也。故汤之于伊尹，学焉而后臣之，故不劳而王。桓公之于管仲，学焉而后臣之，故不劳而霸。

释读：出自《孟子·公孙丑下》。《格物通》指出，大有为非常之君，有志于盛德大业者。所不召之臣，谓其君不召之，所以尊礼之也。若有大疑以资其决择，则顾其庐造其室而请焉。盖吾以其德可尊而尊之也，以其道可乐而乐之也，使其无尊德乐道之诚如此，则贤者必以德自尊，以道自乐，而不屑与之共治，则君之德何由而成？业何由而立哉？故伊尹，成汤之相也，成汤之于伊尹必从之学而咸有一德，然后立之为相，故伐夏救民而室家胥庆以致徯后之归矣。管仲，桓公之相也，桓公之于管仲，必从之学，一则曰仲父，二则曰仲父，然后以之为相，故能九合诸侯而成一匡天下之业矣。夫桓公之霸不足道也，犹能学焉而臣，况人君志于成汤之王道者，可无学焉而臣之相哉？

◎汉高帝五年（前202年）。夏五月，帝置酒洛阳南宫。上曰："吾所以有天下者何？项氏之所以失天下者何？""夫运筹帷幄之中，决胜千里之外，吾不如子房；镇国家，抚百姓，给饷馈，不绝粮道，吾不如萧何；连百万之众，战必胜，攻必取，吾不如韩信。三者皆人杰，吾能用之，此所以取天下也。项羽有一范增而不能用，此所以为我禽也。"

释读：出自《史记·高祖本纪》。《格物通》指出，《书》云"知人则哲，能官人"（《尚书·虞书·皋陶谟》）。故用人由于知之深也。高祖论三人之贤，而皆自以不如，哲足以知之矣，故能用之以兴帝业。项羽之于范增不能用之者，虽出于嫉忌之私，亦其知之不深也。然而高帝"不如"之言中，亦不无畏惮之心乎？此韩信之所以不终也，于子房功成智隐，固有所不及矣。

◎齐景公出猎，上山见虎下泽见蛇。归召晏子而问之曰："今寡人出猎，上山则见虎，下泽则见蛇，殆所谓不祥也。"晏子曰："国有三不祥，是不与焉。夫有贤而不知，一不祥；知而不用，二不祥；用而不任，三不祥也。"

释读：出自刘向《说苑》。《格物通》指出，孟子言"不祥之实，蔽贤者当之"（《孟子·离娄下》），又曰"不用贤则亡"（《孟子·告子下》）。彼见虎蛇者常耳，若夫不用贤则危亡随之，天下之至不祥，莫过于此。晏婴之言，得孟子之意矣。夫后世之君犯此三不祥者多矣，可不惧哉！

◎徽宗宣和七年（1125年）。十二月，太学生陈东上书请诛蔡京等六人。时天下皆知蔡京等误国，而用事者多受其荐引，莫肯为帝明言之。东率诸生上书曰：“今日之事，蔡京坏乱于前，梁师成阴贼于内，李彦结怨于西北，朱勔（miǎn）聚怨于东南，王黼（fǔ）、童贯又从而结怨于二寇，创开边隙，使天下势危如丝发。此六贼者，异名同罪，伏愿陛下擒此六贼，肆诸市朝，传首四方，以谢天下。”

释读：《格物通》指出，帝舜诛四凶而天下咸服，举直措枉，天下之心也。举措得当，则体统尊，纪纲正，法度修，政事举，仁贤在位而天下安矣。京等六人在徽宗之朝，各以奸邪惑主危国，而徽宗明不足以知之也。君臣以酒色相娱，屡幸私第，礼如家人，则体统紊矣。开边生事，和议误国，则纪纲颓矣。祖宗旧章，纷更殆尽，则法度坏矣。聚敛无经，刑杀肆志，则政事乱矣。斥黜忠直，窜死远方，仁贤殄矣。举措若此，尚何以安天下乎？满朝缙绅，党京莫言，而东为布衣，愤忠极论，折首而不顾，至今犹能使人兴起于百代之下也。为人君观此，思得如此人者而用之，则善人进而国昌矣。

◎元仁宗皇庆元年（1312年）。春正月，制进翰林国史院秩，帝谕省臣曰：“翰林集贤，儒臣须朕自选用，毋辄拟奏。人言御史台任重，朕谓国史院尤重。盖御史台是一时公论，国史院是万世公论。”于是升翰林国史院秩从一品，寻敕博选中外才学之士居之。

释读：《格物通》指出，仁宗以国史院系万世公论重于御史台，故隆秩而慎选之，是矣。诚使得德行道艺之士而居之，则以其公是公非是非乎天下，而天下以劝以惩，能使天下劝且惩，则世道有赖焉矣，其任岂不重也乎？若夫徒取文艺小技之流以当之，亦岂足以为重哉？

◎国朝太祖高皇帝开国之初诏天下曰：“自洪武三年（1370年）为始，特设科举以起怀才抱德之士，务在经明行修，博古通今，文质得中，名实相称。其中选者，朕将亲策于廷，观其学识，品其高下，而任之以官。果有才学出众者，待以显擢。使内外文臣皆由科举而选，非科举者毋得与官。”

释读：《格物通》指出，此太祖始立科举取士之诏也，用人之道尽之矣，其与虞庭之九德，成汤之立贤，有周之德行道艺，千载同符矣。故曰怀才抱德，曰经明行修，曰博古通今，曰文质得中，曰名实相称，其为贤则一也。必五者纯备然后谓之贤也，此圣人合一之道也。此固养贤用贤之大要，不可不重也。

◎洪武十九年（1386年）。七月，诏举经明行修练达时务之士，年七十以下者，郡县礼送京师。太祖谕礼部郎中郑居贞曰："古之老者，虽不任以政，至于咨询谋谟，则老者阅历多而闻见广，达于人情，周于物理，有可资者。"居贞对曰："人至六十精力衰耗，则不能胜事，请六十以上不遣。"太祖曰："文王用吕尚而兴，穆公不听蹇叔而败，伏生虽老犹足传经，岂可概以耄而弃之也？若年六十以上七十以下者，当置翰林以备顾问。四十以上六十以下者，则于六部及布政司、按察司用之。"

释读：出自《明太祖宝训》。《格物通》指出，《书》曰"人惟求旧"（《尚书·商书·盘庚上》），曰"无遗寿耇（gǒu）"（《尚书·周书·召诰》），曰"无侮老成人"（《尚书·商书·盘庚上》）。夫老成之人，其德成，其识远，其更历也多，用之则有补于天下国家也。故古之圣帝明王，必于老成而重委任焉。盖借其猷谋之大，以匡其所不逮也。太祖高皇帝知老成之可用也，拳拳诏郡县而礼送焉，可谓得为政之首务矣。

三、兴学·重教

嘉靖十二年（1533年）三月十六日，礼部左侍郎湛若水《进古文小学疏》：

小学者，大学之本，而作圣之基也。故《易》曰："蒙以养正，圣功也。"是以古之君子重之，而圣王务焉。夫大学者，大人之学也，即经之所谓格物、致知、诚意、正心、修身、齐家、治国、平天下是也。皆大人之事也。小学者，小子之学也，即朱子序文所谓洒扫应对进退之节，事亲敬长、隆师亲友之道，礼、乐、射、御、书、数之文是也。皆小子之职也。此小子可以服行而习之者也。……臣不自揣，于居山时，常依朱子序文本意，采其散见于《礼记》者，辑为古小学一书，首之以蒙养，次而洒扫，而应对，而进退，而事亲敬长，而隆师亲友，而礼乐射御书数，凡七篇，皆古文也，因为之集训。

◎慎徽五典，五典克从。

释读：出自《尚书·虞书·舜典》。《格物通》指出，此史臣叙舜历试诸难此则教化之事也。徽，美也。五典，五常也。从，顺也。言尧使舜为司徒，美其五常之教，使父子有亲，君臣有义，夫妇有别，长幼有序，朋友有信，而天下化之。自相亲相义相别相序相信，而无不从顺矣。不曰敷五典而曰慎徽五典，慎者，谨其立教之本也。谨而徽之，使人伦各尽其分，无一毫欠阙。舜盖以身教天下者，所以当时各从其教，无有梗化，所谓以身教者从也。后世为教已无躬行之实，而徒用心于科条之烦，无怪乎民之不从而俗之不善也欤！

◎舜曰："契，百姓不亲，五品不逊，汝作司徒，敬敷五教，在宽。"

释读：出自《尚书·虞书·舜典》。《格物通》指出，此帝舜命契以掌教之言也。亲者，相亲一体之义也。五品，父子、君臣、夫妇、长幼、朋友，五者之名位等级也。逊，顺也。司徒，掌教之官也。敷，布也。五教者，以父子之亲，君臣之义，夫妇之别，长幼之序，朋友之信，布而为教令也。敬者，心之主一而教之本也。宽谓宽裕以待之也。盖五者之理出于人心之本然，非假外求，惟教学不明则无以开发其良心，故不相亲不相顺。教也者，所以开发其良心，而复其本然之理也。故舜因禹之让，又申命契仍为司徒，使之敬以敷教，而又宽裕以待之，使其优游浸渍，以渐而入，则其天性之真自然呈露不能自已矣。臣谓由百姓不相亲，各自以其心为心，而无同胞共与之公，各以其形骸分尔。汝君臣、父子、夫妇、兄弟、朋友皆如路人，五品所以不顺其理也，故舜命契敬敷五品之教，所以明其相亲之理而使相逊，则天下无事矣，此唐虞三代之治必先于建学立师，师之所以教，弟子之所以学，有司之所以选举，朝廷之所以擢用，皆在人伦、物理、德行、道艺之实，所养所用皆出于一。后世立教或以诗赋或以训诂词章，徒事口耳，而不可推之天下国家，此学问政事所以分为二事，治之所以不古若也。有志于治者，尚其考之。

◎重民五教，惟食丧祭。

释读：出自《尚书·周书·武成》。《格物通》指出，此周史臣述武王政治之大事也。五教者，君臣、父子、夫妇、长幼、朋友，五典之教也。教以厚伦，食以养生，丧以送死，祭以追远，皆所以立人纪而厚风俗，圣人之所以甚重焉者也。孟子论王道使民养生送死无憾，谨庠序之教，申之以孝悌之义，其言盖本于此。

◎太宰之职掌建邦之六典，以佐王治邦国。一曰治典，以经邦国，以治官府，以纪万民。二曰教典，以安邦国，以教官府，以扰万民。三曰礼典，以和邦国，以统百官，以谐万民。四曰政典，以平邦国，以正百官，以均万民。五曰刑典，以诘邦国，以刑百官，以纠万民。六曰事典，以富邦国，以任百官，以生万民。

释读：出自《周礼·天官冢宰》。《格物通》指出扰犹驯也，统犹会也，诘犹禁也，任犹使也，生犹养也。天官冢宰之职，统百官，是故大司徒以下之官于此亦正焉。冢宰建立六者典常之法，以佐王之治。冢宰掌邦治，故一曰治典，其曰经曰治曰纪，皆其职也。司徒掌邦教，故二曰教典，其曰安曰教曰扰，皆其职也。宗伯掌邦礼，故三曰礼典。司马掌邦政，故四曰政典。司寇掌邦禁，故五曰刑典。司空掌邦事，故六曰事典。其自曰和邦国以下，曰统曰谐也，曰平曰正曰均也，曰诘曰刑曰纠也，曰富曰任曰生也，皆各以其职也，是故六典举而六官正矣。

◎大司徒之职，掌建邦之五典，以佐王扰邦国，训万民。一曰父子有亲，二曰君臣有义，三曰夫妇有别，四曰长幼有序，五曰朋友有信。

释读：出自《周礼·地官司徒》。《格物通》指出，此吴澄所补缺文也。邦之五典者，五品之人伦，凡邦国人人所同有者也。故司徒立此五典而佐王，驯扰邦国，以训万民，使习熟教化，五品逊而百姓亲焉。五典者，父子有亲也，君臣有义也，夫妇有别也，长幼有序也，朋友有信也。亲、义、序、别、信，乃出于人心之同然，故以是教之，非强其性之所无也。特因人之所固有而教之尔。为君师有教人之责者，盍亦思之哉。

◎子曰："立爱自亲始，教民睦也。立敬自长始，教民顺也。教以慈睦而民贵有亲，教以敬长而民贵用命。孝以事亲，顺以听命，错诸天下，无所不行。"

释读：出自《礼记·祭义》。《格物通》指出，此言先王立教于国之要也。孝悌者，人之心也。孝悌本乎心，行乎家，而国之教立矣。感乎民而民化之，放诸四海而准，以其心之同也。使人而无是心也，又何感化之有？躬行孝悌以教于国，由是扩而充之，则天下感慕而化有不期然者矣。

◎曾子曰：夫孝，置之而塞乎天地，溥之而横乎四海，施诸后世而无朝夕，推而放诸东海而准，推而放诸西海而准，推而放诸南海而准，推而放诸北海而准。

释读：出自《礼记·祭义》。《格物通》指出，孝者，立教之本也。人心同然之理，良知良能者也，故四海之准以其同然也。岂但四海哉？上下四方之宇，古今往来之宙，理一而已矣。故古之先王以孝理天下，亦因其同然之心尔，为人君者可不务乎！

◎夫祭之为物大矣，其兴物备矣。顺以备者也，其教之本与！是故君子之教也，外则教之以尊其君长，内则教之以孝于其亲，是故明君在上，则诸臣服从，崇事宗庙社稷，则子孙顺孝，尽其道，端其义，而教生焉。

释读：出自《礼记·祭统》。《格物通》指出，祭祀之礼，所以事天也。而教乎人，所以事先也。而教乎后，外祭天地，使人知有尊尊之义也，然而诸臣服从矣。内祭宗庙，使人知有亲亲之义也，然而子孙顺孝矣。孝敬尽于一人，德教兴于一国，然则尽道端义者，其惟君乎！人君之学求之此心而已矣，孝敬存于心而教化，立于家，行于国，达于天下，是之谓要道也。

◎以乡三物，教万民而宾兴之。一曰六德，知、仁、圣、义、忠、和；二曰六行，孝、友、睦、姻、任、恤；三曰六艺，礼、乐、射、御、书、数。以乡八刑纠万民，一曰不孝之刑，二曰不睦之刑，三曰不姻之刑，四曰不弟之刑，五曰不任之刑，六曰不恤之刑，七曰造言之刑，八曰乱民之刑。

释读：出自《周礼·地官司徒》。《格物通》指出，物犹事也，以乡三物而教乎民，是故六德蕴之于心也，六行见之于行也，六艺游之于艺也，以三者而教之，夫然后教之事备矣。教之而不化，又辅之以八刑，是故劝之有道，而惩之有具，宜乎民日迁善而不自知也。

◎先王见教之可以化民也，是故先之以博爱而民莫遗其亲，陈之以德义而民兴行，先之以敬让而民不争，导之以礼乐而民和睦，示之以好恶而民知禁。

释读：出自《孝经》。《格物通》指出，博爱者，老吾老以及人之老，故无不爱也。陈之以德义者，陈说其德行道义以感动之，得其心之所同然，故兴行也。先以敬让者，躬行恭敬辞让，则感其辞让之本心，故不争也。礼以理其心，乐以乐其心，故和睦也。示好以引之，示恶以止之，故知禁也。博爱也，德义也，敬让也，礼乐也，好恶也，上之教也；不遗亲也，兴行也，不争也，和睦也，知禁也，下之化也。是故观其教化，而人心之同然者可知矣。

◎故亲生之膝下以养父母日严，圣人因严以教敬，因亲以教爱，圣人之教不肃而成，其政不严而治，其所因者本也。

释读：出自《孝经》。《格物通》指出，何以谓亲生之膝下也？亲爱之心自孩提之时生也。何以谓养日严也？既长而养父母，则知识渐开，明乎父子尊卑之分，故日加敬于父母也。亲也，严也，是人之良心也，故圣人因之教以敬爱焉，是故教不肃而成，政不严而治也。然后知圣人之政教，非强为之也，根之于天性者如是也。

◎教民亲爱莫善于孝，教民礼顺莫善于悌，移风易俗莫善于乐，安上治民莫善于礼。

释读：出自《孝经》。《格物通》指出，教亲爱以孝者何也？孝亲之心即亲爱其君之心也。教礼顺以悌者何也？敬兄之心即礼顺长上之心也。乐作而平中，故风移而俗易也。礼达而分定，故上安而下顺也。孝悌、礼乐，其立教之本乎！

◎君子之教以孝也，非家至而日见之也，教以孝所以敬天下之为人父者也，教以悌所以敬天下之为人兄者也，教以臣所以敬天下之为人君者也。

释读：出自《孝经》。《格物通》指出，孝悌忠，人心之固有者也，君子之教尽心焉尔矣。人各尽其心，然后不独尽其心，以其得所同然者尔。君子以孝教乎国，而凡天下之为子者无弗敬其父焉。以悌教其国，而凡天下之为弟者无弗敬其兄焉。以忠教其国，而凡天下之为臣者无弗敬其君焉。是则天下之孝悌忠，皆君子教之也。

◎是故先王之制礼乐也，非以极口腹耳目之欲也，将以教民平好恶而反人道之正也。

释读：出自《礼记·乐记》。《格物通》指出，人生而静，天之性也。性本无不正也，情荡之也。情本无不中也，欲诱之也。欲非自内生也，形累之也。是故有形而后有欲，有欲而后失其情，情荡而性凿，性凿而人道乖，欲动情胜，贼灭无伦，此大乱之道也。是故先王有忧之，制以礼乐，推而达之天下，使自得之。礼以制心，乐以乐心，则口腹耳目之欲不流矣。欲不流则好恶之情以平而不荡，各得其中正而性复，人道其有兴矣。此礼乐之用所以为大也哉！

◎大学之法，禁于未发之谓豫，当其可之谓时，不陵节而施之谓孙，相观而善之谓摩，此四者，教之所由兴也。发然后禁，则扞格而不胜；时过然后学，则勤苦而难成；杂施而不孙，则坏乱而不修；独学而无友，则孤陋而寡闻；燕朋逆其师；燕辟废其学。此六者，教之所由废也。

释读：出自《礼记·学记》。《格物通》指出，学之所由兴者有四焉，属于师者三，曰禁止其未发之非，一也；告之以当可之时，二也；不陵犯节次而施之有序，三也。属于友者一，曰彼此相观而摩厉以善是也。学之所由废有六焉，属于师者三，其一曰发然后禁而扞格不胜；其二曰过然后学而勤苦难成；其三曰杂施而使之坏乱。属于友者三焉，一曰孤陋而寡闻；二曰燕私为朋以逆其师；三曰燕游邪僻以废其学。由是观之，自天子以至于庶人，未有不由师而成者，然师之为教止于大纲，而朋友讲习之益尤多也。

◎襄公三十一年（前542年）。郑人游于乡校，以论执政。然明谓子产曰："毁乡校如何？"子产曰："何为？夫人朝夕退而游焉，以议执政之善否。其所善者，吾则行之；其所恶者，吾则改之，是吾师也。"

释读：出自《左传·襄公三十一年》。《格物通》指出，学校者，人才之所由出。公议者，公道之所由行，治化之基也。天下，一乡之积也。春秋教衰，郑之乡校仅存，元气犹在尔。人犹以其议执政而欲毁之，不亦异乎？子产曰："其所善者吾则行之；其所恶者吾则改之，是吾师也。"夫又焉往而非自得师？子产于是乎知学矣。他日亦尝告子皮曰："侨闻学而后入政，未闻以政学者也。"子产其知学矣。夫知学者然后能教人，可不务乎？

◎昭公二十六年（前516年）。齐侯与晏子坐于路寝，公曰："吾今而后知礼之可以为国也。"晏子对曰："礼之可以为国也久矣，与天地并。君令臣共，父慈子孝，兄爱弟敬，夫和妻柔，姑慈妇听，礼也。君令而不违，臣共而不贰，父慈而教，子孝而箴，兄爱而友，弟敬而顺，夫和而义，妻柔而正，姑慈而从，妇听而婉。礼之善物也。"公曰："善哉！寡人今而后闻此礼之上也。"对曰："先王所禀于天地以为其民也，是以先王上之。"

释读：出自《左传·昭公二十六年》。《格物通》指出，礼者，道之体而教之本也。国有礼则治，无礼则乱。人有礼则顺而善，无礼则逆而恶。晏子告齐侯，不越乎君臣、父子、兄弟、夫妻、姑妇之间，可谓知礼之要矣。

其曰先王所禀于天地以为民者，既有以见夫命于天性于我而教于民者，又有以见道教之大原出于天，不可易也。奈何景公徒善之而弗行，自夫此礼不行于君臣也，而上下紊；自夫此礼不行于父子也，而国本瘰；自夫此礼不行于兄弟也，而同气手刃；自夫此礼不行于夫妇也，而嫡庶混；自夫此礼不行于妇姑也，而谇语反唇。教不立，礼不兴，国安得而不乱乎？当是之时，大夫陈氏厚施于国，齐之乱萌矣，由礼之坏也。夫礼也者，理也，道之体也。三代之教，天子公卿躬行于上，故其化行。

◎子曰："道之以政，齐之以刑，民免而无耻。道之以德，齐之以礼，有耻且格。"

释读：出自《论语·为政》。《格物通》指出，此章孔子叙政教之本末也。道，引导之也。政者，法制禁令也。刑者，墨、劓、剕、宫、大辟之五刑也。德者，得于心之理也。礼者，见于人伦日用之体也。皆一理也，以其设施乎此以正人者谓之政，以其禁违乎此以罚人之过恶者谓之刑，以其心得乎此者谓之德，以身履乎此者谓之礼。但政刑制乎外者也，故引之以政令，如令民以孝悌则民宜有以自正其不孝不悌矣，其有不率正而犯法者则有不孝不悌之刑以一之，使不外乎孝悌之化，则民苟免其不孝不悌而未能得孝悌之真心，故未有愧耻也。德礼感于中者也，故引之以躬行。心得之理，有孝悌之真心以感之，则民宜有以观感自得孝悌之善念矣。其有浅深不同者，则有尽孝尽悌之实事以一之，使同归孝悌之礼，则民履于身得于心，既耻于不孝不悌而又有以至于孝悌之至善矣。然则人君为治以化民者，岂可徒恃其末而不务其本乎？

◎设为庠序学校以教之，庠者养也，校者教也，序者射也。夏曰校，殷曰序，周曰庠，学则三代共之，皆所以明人伦也。人伦明于上，小民亲于下。

释读：出自《孟子·滕文公上》。《格物通》指出，此孟子告滕文公以三代教人之法也。夫井田立而衣食足矣，先王乃立庠序学校以教民于其间。夫所谓庠者，以养老为名。所谓校者，以教民为名。所谓序者，以习射为名。在夏则曰校，在殷则曰序，在周则曰庠，三者皆乡学也。若夫学，则在殷者犹在夏之名也，其在周者犹其在殷之名也，皆国学也。乡学、国学之名虽不同，而明人道之序其实则同。所谓人道之序者，父子之亲，君臣之义，夫妇之别，长幼之序，朋友之信，皆是也。五者虽不同，而同一天理也。天理明则人道明，而亲、义、别、序、信发乎心，感乎民，民感而化之，亲、义、别、序、信之心油然而生，有同体之仁，百姓亲而五品逊矣。盖教民之道，有所以感之者也。后之乡学、国学犹古也，其讲说亲、义、别、序、信之道犹古也，而小民未见其亲者何哉？徒有其具，天理不明，人心不正，无所以感之者尔。人君可不求立教之本乎？

◎仁言不如仁声之入人深也，善政不如善教之得民也。善政民畏之，善教民爱之。善政得民财，善教得民心。

释读：出自《孟子·尽心上》。《格物通》指出，孟子此章论政教之道而重于教言，为人上者有仁德之言，出乎身加乎民，发号施令，非不能令行而禁止也。若夫有仁之声闻积之于平素，播之乡党朋友，则有以入人之耳，感人之心，沦于肌肤，入于骨髓，故人得之为尤深也。纪纲法度之施，出乎上，布乎下，非不能正其邪，禁其恶也。若夫有善教者立学校明礼义，则化之所及，民之所感尤为深也。且善教何以得民之深哉？盖善政制之于外，故民畏其威而不敢犯；善教则感之于内，故民爱其德而不忍犯也。善政则以下奉上而民财得矣，未必得其心也。善教则以诚感诚而民心得矣，而财亦不能外也。畏之者外，爱之者内也。民财者外，民心者内也。其得民之浅深，此其所以有不同乎！为人君者本之以仁声，行之以善教，则入民而民心得，其于政令之末，盖有不言而信，不怒而威者矣。可不务哉！

◎先王为天下设教，因人所有以之为训，道人之情以之为真。

释读：出自贾谊《新书》。《格物通》指出，先王之教因人之所有而觉之，非以人之所无而强之也，如导水者因水之性而利导之，激则滥矣。下者，水之性也；善者，人之情也。孟子曰："乃若其情，则可以为善矣。"是乃人之真心也，全其真纯，道其恻隐、羞恶、辞让、是非之情之性，故易则易知，简则易从，教道立矣。教道立而善人多，善人多而天下治矣。

◎道之所在，天下归之。德之所在，天下贵之。仁之所在，天下爱之。义之所在，天下畏之。

释读：出自刘向《说苑》。《格物通》指出，道德仁义，一理而已。以其事理之常行则谓之道，以其得诸心则谓之德，以其全体好生则谓之仁，以事得其宜则谓之义。此理不出于吾心也，以是而立教焉，则以心感心，天下岂有不兴起者哉？

◎国朝太祖登极之初，制曰：凡孝子、顺孙、义夫、节妇，志行卓异者，有司正官举明，监察御史、按察司体覆，转达上司，旌表门闾。

释读：《格物通》指出，此太祖旌奖之制也。旌奖亦教化之一端。是故旌一孝子一顺孙，则凡天下之为人子为人孙者皆孝顺矣，旌一义夫一节妇，则凡天下之为人夫为人妇者皆节义矣。何也？上有好者，下必有甚焉者矣。

◎程颢札子有云：治天下以正风俗、得贤才为本。宋兴百余年而教化未大醇，人情未尽美，士人微谦退之节，乡闾无廉耻之行，刑虽繁而奸不止，官虽冗而材不足者，此盖学校之不修，师儒之不尊，无以风劝养励之使然尔。

释读：《格物通》指出，贤才者，治化之所由出也，故曰为政在人。然贤才之成必得师儒有以风化之尔，故贤才固为政之本，而学校又贤才之本也。程颢此书具在《遗书》，真王道之要务也。

◎洪武二年（1369年）。十月，上谕中书省臣曰："学校之教，至元，其弊极矣。使先王衣冠礼乐之教混为夷狄，上下之间波颓风靡，故学校之教名存实亡。况兵变以来，人习于战斗，惟知干戈，莫识俎豆。朕尝谓治国之要，教化为先；教化之道，学校为本。京师虽有太学，而天下学校未兴。宜令郡县皆立学，礼延师儒，教授生徒，以讲论圣道，使人日渐月化，以复先王之旧，以革污染之习。此最急务，当速行之。"

释读：《格物通》指出，夫学校盛于三代，衰于汉唐宋，大坏于元代，圣谕所谓先王衣冠礼乐之教混为夷狄。夫所谓坏者，道之坏也。及立学中外，延师授徒，又拳拳以讲圣道，以复先王之旧为言，其所以教人者，岂落第二义哉？笃其实而艺者书之，此圣祖立科举之法，使之读圣之书，蕴圣之德行，发圣之言，因言以观其蕴，因蕴以授之官，此其良法美意也。奈何士习既久，买椟还珠，驰骛于文艺而遗弃其本实，遂使德业、举业判为二途，而先王德行道艺之教几乎熄矣。《易》："穷则变，变则通。"（《周易·系辞下》）惟圣人为能通其变。必上之所以教，下之所以学，内外心事合一，以举业为德业之发，以德业为举业之本，易其志而不易其业，合本末，兼体用，一以贯之。斯贤也，斯能也，斯俊杰也，用之于国则国治，用之于天下则天下平，然后学校之教名实相须，而圣人之道明，先王之旧复矣。

◎洪武十四年（1381年）。三月，颁五经四书于北方学校。上谓廷臣曰："道之不明，由教之不行也。夫五经载圣人之道者也，辟之菽粟布帛，家不可无，人非菽粟布帛则无以为衣食，非五经四书则无由知道理。北方自丧乱以来，经籍残阙，学者虽有美质而无讲明，何由知道？今以五经四书颁赐之，使其讲习。夫君子而知学则道兴，小人而知学则俗美，他日收效亦必本于此也。

释读：《格物通》指出，道本于心，所谓良知也。养其知者在于书，盖书注吾心者尔，故能养也。人本于生理所谓元气也，养其元气者在菽粟布帛，盖菽粟布帛同得此生理者尔，故能养也。非书能益良知之所无也，非菽粟布帛能益元气之所无也。东方、西方、南方、北方之人，同此心，同此良知也。尧舜三代之人与元时之人，同此心，同此良知也。此圣祖所以颁五经四书于北方之学校，以觉其心之良知一哉。圣心乎，其教育之仁如天地之覆载而无间矣。

◎国朝太祖谕中书省臣曰："昔成周之世，家有塾，党有庠，故民无不知学，是以教化行而风俗美。今京师及郡县皆有学，而乡社之民乐睹教化，宜令有司更置社学，延师儒以教民间子弟，庶可导民善俗也。

释读：《格物通》指出，此圣祖谕中书省臣建社学之言也。圣祖未即大位之先，即建国学。洪武二年诏天下立府州县学，八年又诏立社学，何汲汲于学校之建邪？盖天下之治系于贤才，而贤才之出在于学校也。今之社学其即古之家塾也，今之府州县学其即古之党庠也，今之国学其即古之国学也。是故无处无学，无人无学，所学皆所用，所用皆所学，然而天下不治者未之有也。

◎国朝太祖御制《教民榜》曰：每乡每里，各置木铎一个，于本里内选年高或残疾不能生理之人，或瞽者，持铎循行，俱令直言叫唤。其辞曰："孝顺父母，尊敬长上，和睦乡里，教训子孙，各安生理，毋作非为。"如此每月六次，其持铎之人，秋成随多寡资助粮食。

释读：《格物通》指出，遒人以木铎徇于道路，此先王教化盛典也。今木铎之辞言近而指远，蔼然孝友慈睦之风矣。《语》曰："天将以夫子为木铎。"（《论语·八佾》）礼教既衰，彝伦攸斁（yì），我太祖应时而出，仗仁义以兴师旅，载复万世之纲常，岂非上天厌天下之乱，而特眷命以为木铎，继天立极也耶？此在圣子神孙，修举之无斁可焉。

◎国朝丙午三月，命江淮行省平章韩政率指挥顾时业，皇祖谓之曰："公卿贵人子弟，虽读书，多不能通晓奥义。不若集古之忠良奸恶事实，以恒辞直解之，使观者易晓，他日纵学无成，亦知古人行事，可以劝戒。其民间农工商贾子弟，亦多不知读书，宜以其所当务者直辞解说，作务农技艺商贾书，使之通知大义，可以化民成俗。"

释读：《格物通》指出，贾谊曰："闽越之子生而同声，及其长也，累重译而不能相通者，其习使之然也。"故士风民俗在素教习之而已尔。皇祖有见于此，故于公卿贵人子弟，则集古事实以为劝诫之规，于农工商贾子弟，则作务农技艺书以为化成之具。立教兴化规模宏远，此其所以定丕丕之基而垂千万年无疆之休也。

◎洪武八年（1495年），《御制资世通训》成。上谓侍臣曰："人君者，为臣民之主，任治教之责，上有帝王，道与天同。今朕统一寰宇，昼夜弗遑，思以化民成俗，复古治道，乃著是书，以示训戒尔。"侍臣皆曰："此臣民万世之宝也。"

释读：《格物通》指出，天生下民，作之君，作之师，人主体上天君师下民之心，则所以治而教之者，自不容已矣。皇祖之心，其天地之心乎！有是心故不能无是言，此《资世通训》之所以作也。观于此书，君师之道尽矣。今日法守道揆，朝信道，工信度，治隆俗美，有不由于此乎？

◎洪武二十四年（1511年）。七月壬辰，上御谨身殿，观《大学》之书，谓大臣曰："治道必本于教化，民俗之善恶，教化之得失也。《大学》一书，其要在于修身。身者教化之本也。人君身修而人化之，好仁者耻于为不仁，好义者耻于为不义，如此则风俗岂有不美？国家岂有不兴？苟不明教化之本，致风俗陵替者，民不知趋善，欲国家长治久安不可得也。"

释读：《格物通》指出，圣祖观《大学》书，以为其要在于修身。至哉皇言！盖与《大学》古本默契矣。《大学》古本者，孔氏之全书未经改本之前，载在汉儒十三经之中。自明明德于天下，逆推其功本于格物，又自物格顺循其效，至于天下平，是格物乃《大学》一篇之本始功夫、要约处也。下文又曰自天子至于庶人一是皆以修身为本，其本乱而末治者否矣，其所厚者薄，而其所薄者厚，未之有也，此谓知本，此谓知之至也。是则，以修身释格物矣。圣祖谓《大学》一书其要在修身者，诚为独见，深契古人，而治化之本端不外是矣。

四、礼义·刑罚

◎流共工于幽州，放驩兜于崇山，窜三苗于三危，殛鲧于羽山，四罪而天下咸服。

释读：出自《尚书·虞书·舜典》。《格物通》指出，此史臣记大舜错枉之政。共工、驩兜、鲧，三臣名。三苗，国名。言舜知共工之象恭滔天，故流之于幽州北裔之地，使之远去。知驩兜之同恶相济，故放置之于崇山南裔之地，使不得他适。又知三苗之恃险为乱，故窜之于三危西裔之地，驱逐而锢禁之。又因鲧之悻愎自用，湮汩洪水，故殛之于羽山东裔之地，拘囚困苦之。此四人者，天下之四凶也，各因其罪而罪之。舜以至明之心而行至公之法，故宋儒程颢曰："舜之诛四凶，怒在四凶，舜何与焉？"盖圣人之心如鉴之空，物之来也，妍媸自形，鉴何与焉？故流放窜殛，各适其可，而天下咸服其用刑之当罪，盖以得其心之所同然者故也。后世之君皆以一己之喜怒而赏罚人，故不合乎天下人心之同然，何服之有？人君用刑，可不以此为法乎？

◎皋陶曰："帝德罔愆，临下以简，御众以宽。罚弗及嗣，赏延于世。宥过无大，刑故无小。罪疑惟轻，功疑惟重。与其杀不辜，宁失不经。好生之德，洽于民心，兹用不犯于有司。"

释读：出自《尚书·虞书·大禹谟》。《格物通》指出，此皋陶以民不犯法归功于舜得临御之道也。愆，过也。简者，不烦之谓。嗣与世，皆谓子孙也。延，远及也。过者，不识而误犯也。故者，知之而故犯也。辜，罪也。经，常也。皋陶言：臣庶不干，正民协于中者，非予之功，乃帝之德无过也。上烦密则下无所容，帝则临之以简。御者急促则众扰乱，帝则御之以宽。刑罚则父不及子，爵赏则远及其世。其恶恶短而善善长也。过误所犯，虽大必宥。不忌故犯，虽小必刑，即所谓眚（shěng）灾肆赦、怙终贼刑也。与其杀之而害无罪者之生，宁姑全之而自失于刑法之常，此其仁爱忠厚之至，皆所谓好生之德也。此德流衍洋溢，渐涵浸渍，有以入于民心，则天下之人无不爱慕感悦，兴起于善而自不犯于有司也。夫帝舜之德大矣，至矣，而皋陶赞之不过曰简曰宽曰好生，何耶？夫天地之大德曰生而已矣。乾坤之广大曰易简而已矣。圣人者，体天地之大德而法其易简，故其并生之心与天地准，故天地并育并行而万物不悖，圣人并生而万民不犯，职此故也。后世法网愈密，而犯法益众，盍亦反求其本矣。

◎无依势作威，无倚法以削，宽而有制，从容以和。

释读：出自《尚书·周书·君陈》。《格物通》指出，此成王命君陈治洛之言也。依势，倚法，皆好恶有加之意，所以诫其偏也。宽而制，和而从容，皆并行之意，所以勉其中也。此数言者最为精密，心若苟偏，喜怒予夺，毫发私意之萌，即非公理也，即是作威以削。君陈之世，当宽和之时也，然宽而有其制，则不偏于宽矣。从容以和之，则不偏于和矣。夫戒其偏，勉其中，而后可以成中和之政也。

◎道有升降，政由俗革，不臧厥臧，民罔攸劝。

释读：出自《尚书·周书·毕命》。《格物通》指出，此康王命毕公保厘东郊之言也。有升降，犹言有隆有污也。世道有隆污，人事气运之变迁也。政由俗革，因世道之隆污而为吾纪纲法度之施也。如周公之时，殷民方汹汹不靖，不得不尚严以谨毖之。至君陈时，民渐式化，不得不用宽和是也。毕公之时，已非周公、君陈之时，盖殷民有化而为善者矣，善之可也，不善厥善，民将何所劝乎？夫有善不赏，有恶不罚，虽尧舜不能以治天下，岂惟殷民然哉？人君欲正天下之民者，必致慎乎赏罚之际可焉。

◎是故先王慎所以感之者，故礼以道其志，乐以和其声，政以一其行，刑以防其奸。礼乐政刑，其极一也，所以同民心而出治道也。

释读：出自《礼记·乐记》。《格物通》指出，道犹理也，君民相感之际微矣。故先王于感人心之道必致其谨焉，是故礼乐政刑不同而理同归于感人心而已尔。夫恭敬辞让，皆有是心也，而无以理之，或失则过，或失则不及矣。故礼以理之，使无过不及而志正矣。既有是志，不能无声。声而不和，至于乖戾，则无以宣其志之中和，故乐所以和其声也。礼制乐作，感人者具矣，其有不一者，于是乎有法制禁令之政焉。以一之，又不齐，则有墨劓剕宫大辟之刑焉以防之。夫礼以道之，乐以和之，政以一之，刑以防之，果为何物？盖事虽殊，而所以为民，使循乎天理之正，其极则一也。后世废弃礼乐，专尚政刑，是驱民于罪戾之归，岂先王之意哉？呜呼，礼乐政刑出于一，此先王之世所以治也。礼乐政刑歧而为二，此后世之所以乱也。为人君者可不慎乎！

◎子路曰："卫君待子而为政，子将奚先？"子曰："必也正名乎。"子路曰："有是哉？子之迂也。奚其正？"子曰："野哉，由也！君子于其所不知，盖阙如也。名不正则言不顺，言不顺则事不成，事不成则礼乐不兴，礼乐不兴则刑罚不中，刑罚不中则民无所措手足。"

释读：出自《论语·子路》。《格物通》指出，名者实之表也，其名正则实正，实正则朝廷正，远近莫不一于正矣。故孔子因仲由之设问而告以正名为先。仲由未达于为国以礼之道，遂疑其迂阔而远，于事情非今之急务也。孔子乃责其不能阙疑而告之，以为使名有不正其实俱亡，所以言不顺，事不成，礼乐不兴，刑罚不中，其流之弊不可胜言，故正名分者，所以正治之本，而塞乱之源也。夫子此言，岂特为卫国之所当先耶？于凡有国家者，舍此不可以自立矣。观其修《春秋》而于践土河阳之役，去实以全名，曰："与其名存而实亡，犹愈于名实之俱亡。"是以周室虽微，诸侯强盛，以齐楚大国卒不敢侮，所谓植遗腹、朝委裘而不乱者，岂非以名分素明而民志素定哉？此图治者所当究心也。

◎以礼义治之者积礼义，以刑罚治之者积刑罚。刑罚积而民怨背，礼义积而民和亲。故世主欲民之善同，而所以使民善者或异，或道之以德教，或驱之以法令。道之以德教者，德教洽而民气乐。驱之以法令者，法令极而民风哀。哀乐之感，祸福之应也。

释读：出自贾谊《新书》。《格物通》指出，《书》曰："刑期于无刑，民协于中。"（《尚书·虞书·大禹谟》）又曰："伯夷降典，折民惟刑。"（《尚书·周书·吕刑》）礼义刑罚，皆所以正万民而不可偏废者也，苟礼义不施而惟刑罚之滋焉，祇见民未正而天下之乱成矣。今夫天道之大也，四时之运也，徒以秋杀而无春生之仁，则万物其不渐尽而磨灭者几希矣。故为君者德刑兼济，仁义并行，阳舒阴惨，体天之道夫，然后中和致而天地之祥应矣。

◎圣人之治天下也，先文德而后武力。凡武之兴，为不服也。文化不改，然后加诛。夫下愚不移，纯德之所不能化，而后武力加焉。

释读：出自刘向《说苑》。《格物通》指出，天地之化，独阴不生，独阳不成。程颐曰："文德所不能服而不用威武，何以平治天下？"由是言之，文武并用，人君中正之道也。

◎汉高帝元年（前206年）。十一月，沛公悉召诸县父老豪杰，谓曰："父老苦秦苛法久矣，吾当王关中，与父老约法三章尔：杀人者死，伤人及盗抵罪。馀悉除去秦法，诸吏民皆按堵如故。凡吾所以来，为父老除害，非有所侵暴，无恐！且吾所以还军霸上，待诸侯至而定约束尔。"乃使人与秦吏行县乡邑，告谕之。秦民大喜，争持牛羊酒食飨军士，沛公又让不受。曰："仓粟多，非乏，不欲费民。"民又益喜，惟恐沛公不为秦王。

释读：出自《史记·高祖本纪》。《格物通》指出，秦之所以得罪于天下者，暴虐之政使民无所措手足尔。高祖入关之初，而遂除秦苛法，约法三章，其庶几仁以育之，义以正之者矣。此汉之所以兴乎！史氏揭而书之，盖其仁义之举虽未足以追配汤武，亦庶几秋杀之中而寓春生之仁矣。

◎汉高帝六年（前201年）。帝悉去秦苛法，为简易。群臣饮酒争功，醉或妄呼，拔剑击柱。帝益厌之。叔孙通说上曰："夫儒者难与进取，可与守成。臣愿征鲁诸生，与臣弟子共起朝仪。"帝曰："得无难乎？"叔孙通曰："五帝异乐，三王不同礼。礼者因时世人情而为之节文者也。臣愿颇采古礼，与秦仪杂就之。"

释读：出自《史记·叔孙通传》。《格物通》指出，大乱之后，必有大治。三代之礼虽随时损益，然而皆缘人情而设。故三千三百，无一而非性也。叔孙通以此时而复三代之礼，皆顺人之情性，其从也沛然矣。况汉初去古未远，礼乐虽坏，于秦文献则固有可考者也。叔孙失此不图，而徒窃古礼之糠粃，且与秦仪杂就之，虽能少正击柱之狂，而礼乐自此坏矣。古礼之不复见于天下，其由于叔孙通乎？有志之士至今惜之。

◎汉武帝建元元年（前140年）。十月，董仲舒对策曰："古之王者南面而治天下，莫不以教化为大务。立大学以教于国，设庠序以化于邑，渐民以仁，摩民以义，节民以礼，故其刑罚甚轻而禁不犯者，教化行而习俗美也。"

释读：《格物通》指出，古之王者南面而治，如天运于上，示无为也。

立学分教如元气之行于四时，示有功也。是以治隆于上，俗美于下，人将格心矣。

◎洪武元年。圣祖为《大明令》一百四十五条颁行天下，制曰：惟律令者，治天下之法也。令以教之于先，律以齐之于后。古者律令至简，后世渐以烦多，甚至有不能通其义者，何以使人知法意而不犯哉？人既难知，是启吏之奸而陷民于法。朕甚悯之。今所定律令，芟繁就简，使之归一，直言其事，庶几人人易知而难犯。《书》曰“刑期于无刑”，天下果能遵令而不蹈于律，刑措之效亦不难致。兹命颁行四方，惟尔臣庶体予至意。

释读：《格物通》指出，此圣祖颁律令于天下，谕民之诏也。《书》曰“刑期于无刑，民协于中”（《尚书·虞书·大禹谟》），故律令行则民德协中而无不正矣。太祖之临御臣庶，必先立律令以正之，其义之尽而仁之至矣。

◎凡国家律令，并续降条例事理，有司官吏须要熟读详玩，明晓其义。监察御史、按察司官所至之处，令其讲读。或有不能通晓者，依律究治。

释读：出自《宪纲》，明代较为完备的专门监察法规后来被汇编到《明会典》“都察院”之中。《格物通》指出，刑法与礼相出入者也，故律例与书相表里者也。盖律令之颁即古者布法象魏之遗意，乃治之具也。有治民之责而不能举其辞，况能明允以适厥中哉？然任刑莫如任德。孔子曰：“道之以德，齐之以礼，有耻且格。”（《论语·为政》）斯百王之律令也欤？而所以道之齐之者，必自圣明一心始焉尔。

五、富国·生民

◎子曰：“禹，吾无间然矣。菲饮食而致孝乎鬼神；恶衣服，而致美乎黻冕；卑宫室，而尽力乎沟洫。禹，吾无间然矣。”

释读：此《论语·泰伯》中孔子称赞大禹的话。嘉靖二年九月十二日湛若水《经筵讲章》进讲：禹是大禹，夏之圣君。间是罅隙，谓有缺失可非议处。孔子说我观大禹圣人，所行的事事恰好，无一些罅隙可以非议得他。菲饮食而致孝乎鬼神，菲是菲薄，鬼神是宗庙祖先，大禹于自己的日用饮食常要菲薄，而于宗庙的牺牲粢盛必极丰洁，以致其奉先之谨。恶衣服而致美乎黻冕，恶是粗疏。黻，蔽膝，冕，冠冕，皆是祭祀盛服。大禹于自己的常穿衣服，必要粗疏，而于承祀的祭服，必极华美。卑宫室而尽力乎沟洫，宫室是自己居住的宫室，沟洫是田间水道，可蓄水以备旱，可泄水以防潦。大禹于自己所居住的宫室常令卑小，不肯要高大，而于农务所急的沟洫，竭力整治，不使废弛，所以防民之灾，勤民之政也。这三件事可见大禹俭于奉己，丰于事神勤民。俭所当俭，丰所当丰，浑是天理，有何罅隙之可议哉？故孔子于始曰："禹，吾无间然矣。"终又曰："禹，吾无间然矣。"赞美之词不一而足，示为人君者所当法也。人君为天地神民之主，故不俭于奉己，则无以致其事神勤民之诚，而天地不和，灾害必生。且大禹圣人，其时"水、火、金、木、土、谷惟修，正德、利用、厚生惟和"（《尚书·虞书·大禹谟》），地平天成，山川鬼神亦莫不宁，兆民久殖，灾祸不作，犹且菲饮食，恶衣服，卑宫室，以致其事神勤民之诚。况今天变风霾、山崩地震、旱潦荐臻，民饥，骨肉相食，盗贼蜂起，尤宜戒谨节俭以消大变，以弭乱贼，不可缓也。

◎日中为市，致天下之民，聚天下之货，交易而退，各得其所，盖取诸噬嗑。

释读：出自《周易·系辞下》。《格物通》指出，《易》有噬嗑之象也。日中者，当日之中也。日中为市者，民居有远近，以日中为期会尔。交易者，以有易无也。噬嗑卦，上离下震，日中而动，又虚中可藏货，市之象。夫天下之民不同业，天下之货不同用，立市以相易，则无者有所取，积者有所散，如是而退，各得所资，以安其所，乃所以相济而非相病矣。然逐末之商多，则务本之农少。圣王有以为之制，交易有时，其退有节，所以止而抑之者，禁其舍本而务末，登垄罔利者也。不抑则人心竞趋于利，而务本者寡矣。抑之使归于农，则财恒足矣。奚以逐末为哉？虽然，纵己之欲而抑民之欲难矣，故内本外末，先自人君始。后之人君倡为宫市，以率天下之逐末者，可慨也夫！

◎天地节而四时成，节以制度，不伤财，不害民。

释读：出自《周易》节卦的彖传。《格物通》指出，此孔子传节之彖，而极言节之之道也。天地一气之运，而节也者。阴阳之相推也。寒极则节之以暑，为春为夏。暑极则节之以寒，为秋为冬。分至启闭，不爽其候，而春夏秋冬之四时成矣。体天地之节者，圣人也。人有无穷之欲，圣人有一定之节。名物器用，各循其制度之则，故财以给用者有常经，而民之输财有常赋，不至于掊克民之膏脂，而虐害其下矣。是故节之道大矣，天地之成岁功，圣人之成治功，夫岂能外于节也哉？

◎太宰以九式均节财用。一曰祭祀之式，二曰宾客之式，三曰丧荒之式，四曰羞服之式，五曰工事之式，六曰币帛之式，七曰刍秣之式，八曰匪颁之式，九曰好用之式。

释读：出自《周礼》。《格物通》指出，式者，用财之节度也。均，平也。丧荒者，有丧，又年凶也。羞者，饮食之物也。工者，作器物也。币帛，所以赠劳宾客者也。刍秣者，养牛马木谷也。匪颁者，王所分赐群臣也。好用者，燕好所赐予也。然皆有节度焉，不得以或过也，是故用有常经，而取有定制，上下皆省矣。后世此礼既废，而军国之用无节，至于工事赐予燕好，任其君喜好之情而不以礼，则安能节财之流而使财恒足也哉？

◎孔子过太（泰）山侧，有妇人哭于墓者而哀。夫子式而听之。使子路问之曰："子之哭也，壹似重有忧者。"而曰："然。昔者吾舅死于虎，吾夫又死焉，今吾子又死焉。"夫子曰："何为不去也？"曰："无苛政。"夫子曰："小子识之！苛政猛于虎也。"

释读：出自《礼记·檀弓》。《格物通》指出，此记暴敛害民之政也。式，谓凭轼以起敬也。重，谓所忧者非一也。苛，谓暴虐之政，如横征暴敛之类也。识，犹记也。天下之至恶而伤人者莫如虎，死于虎者三而不去，则所去之邑暴虐可知矣。民宁居于猛虎之区而不适苛政之地，是则虎之猛不如政之苛，而人畏苛政有甚于虎也，何也？虎之害人有时而可避，而政之剥削无地而可逃也，故曰苛政猛于虎。然则仁恩及民者谓之驺虞，苛政迫人者谓之猛虎，人君其可不薄敛以聚民乎？伏惟圣明在上，不欲厚敛吾民，天下信之矣。……呜呼，出赋之民，吾君之赤子也。苛政之官，吾君之猛虎也。诚爱赤子，其毋养虎以伤之也哉。

◎君子不尽利，以遗民。

释读：出自《礼记·坊记》。《格物通》指出，天地之财有数，不在官则在民。故利尽于上则竭于下，而民无遗利矣。故取民之税，不过十一。用民之力，岁止三日。所以遗利于民而不敢尽也。

◎少而无父者谓之孤，老而无子者谓之独，老而无妻者谓之鳏，老而无夫者谓之寡。此四者天下之穷而无告者也，皆有常饩。

释读：出自《礼记·王制》。《格物通》指出，圣人之治天下，不能保其无鳏寡孤独之穷民也。圣人之政能使之有养而已。故尧之不虐无告，文王不敢侮鳏寡，此先王恤穷之政也。故《王制》有常饩以养之，然后无一物不得其所，而仁覆天下矣。国家仁厚之泽，下及孤老无告之人，甚渥也。府州县设为养济院，而又岁时有给赐焉，固无有一夫之不被者矣。

◎宣公十五年（前594年），初税亩。

释读：出自《左传》。《格物通》指出，此何以书初税亩也？讥宣公始废彻而用税也。鲁宣当国，水旱相仍，国用空乏，于是废井彻之法而为税亩之制焉。夫初者，创事之名，变法之始也。税亩者，逐亩税之也。夫什一，天下之中正，故殷制公田为助，周因其法为彻，百世不可易者也。宣公以其公田之入为薄，遂变其私田之税，先王之旧章成宪荡然不复存矣。其后作丘甲，用田赋至于二，犹不足，未必非宣公启之也，故书初税亩以贬之，是故有国家者必守成法而不变，惟务本之为贵。

◎庄公二十九年（前665年）。春，新作延厩。书，不时也。凡马日中而出，日中而入。

释读：出自《左传》。《格物通》指出，不时者，非作厩之时也。凡马，凡养马之法也。日中者，春分秋分也。春分则刍繁而马牧于野，秋分则水寒而马还于厩也。书新者，则前此未有也。书新于春，非其时也。非其时而马方出，而徒以妨农，非所以为马政矣。夫马出入于日中何也？所以顺天之道，因地之宜而尽物之性也。延厩之作，其意则异乎是矣。

◎僖公十三年（前647年）。晋荐饥，使乞籴于秦。秦伯谓子桑："与诸乎？"对曰："重施而报，君将何求？重施而不报，其民必携，携而讨焉，无众必败。"谓百里："与诸乎？"对曰："天灾流行，国家代有，救灾恤邻，道也。行道有福。"子豹在秦，请伐晋。秦伯曰："其君是恶，其民何罪？"秦于是乎输粟于晋，自雍及绛相继。

释读：出自《左传》。《格物通》指出，荐饥者，连年饥馑也。乞籴（dí）于秦者，使使告籴于秦国也。子桑，公孙枝也。百里，百里奚也。子豹在秦者，丕郑之子豹奔于秦也。雍，秦都。绛，晋都。相继者，运粟不绝也。夫晋之乞籴于秦，其难亟矣。百里奚以救灾恤邻为道，仁人之言矣。异哉，子桑之为秦伯谋乎！方施之而遽责报之，既责报之又欲俟其携而讨之，于恤邻之义何有？丕豹之请则又甚焉。然晋饥秦输之粟，秦饥晋闭之籴，则晋之负义于天下，何以为霸哉！

◎夏后氏五十而贡，殷人七十而助，周人百亩而彻，其实皆什一也。彻者，彻也。助者，藉也。

释读：出自《孟子·滕文公上》。《格物通》指出，此孟子论三代制民常产与其取之之制也。夏时一夫受田五十亩，而每夫计其五亩之入以为贡。商人始为井田之制，以六百三十亩之地画为九区，区七十亩中为公田，外八家皆私田，但借其力以助耕，公田不复税，其私田周因商之制，一夫受田百亩，乡遂用贡法，十夫有沟。都鄙用助法，八家同井。耕则通力合作，收则计亩均分，故谓之彻。三代之法其名与制虽不同，什分而取其一则同也，以其通作故谓之彻，以其助耕故谓之借也。夫什一天下之中正也，三代行之而用以充。后世倍之而财不足，然则其足与不足，不系于取民之厚薄矣，治天下者盍思其故哉！

◎鲁哀公问政于孔子。对曰："政有使民富且寿。"哀公曰："何谓也？"孔子曰："薄赋敛则民富，无事则远罪，远罪则民寿。"公曰："若是，则寡人贫矣。"孔子曰："《诗》云：'恺悌君子，民之父母。'未见子富而父母贫者也。"

释读：出自刘向《说苑》。《格物通》指出，欲富欲寿，虽民之情，而君之富寿亦于是乎在矣，盖君与民为一体相因者也。民富且寿，君岂有独贫之理哉？民贫且死，君岂有独富之理哉？

◎汉献帝建安元年（196年）。羽林监枣祗请建置屯田，曹操从之。以祗为屯田都尉，任峻为典农中郎将，募民屯田。许下得谷百万斛，于是州郡例置田官，所在积谷仓廪皆满，故操征伐四方，无运粮之劳，遂能兼并群雄。

释读：出自《资治通鉴》。《格物通》指出，曹操屯田之议，发之者毛玠，定之者枣祗，成之者任峻也。夫以曹操一奸雄耳，当乱离之余，犹能听从群谋，收富强之效，以成兼并之计。使明君乘无事之时而图之，以助国计，以宽民租，则其效之所致，岂但如操而已哉！

◎唐高祖武德七年（624年）。夏四月庚子。初定均田租庸调法。丁、中之民给田一顷，笃疾减十之六，寡妻妾减七，皆以十之二为世业，八为口分。每丁岁入租粟二石，调随土地所宜，绫绢絁（shī）布。岁役二旬，不役则收其佣，日三尺，有事而加役者，旬有五日免其调，三旬租调俱免。水旱虫霜为灾，什损四以上免租，损六以上免调，损七以上课役俱免。凡民赀业分九等，百户为里，五里为乡，四家为邻，四邻为保。在城邑者为坊，田野者为村。食禄之家无得与民争利，工商杂类无预士伍。男女始生为黄，四岁为小，十六为中，二十为丁，六十为老。岁造计帐，三年造户籍。

释读：出自《资治通鉴》。《格物通》指出，唐之立法，虽非皆古之制，而亦古之遗意也。曰租者，粟米之征也。曰调者，布缕之征也。曰庸者，力役之征也。丰年则取之，凶年则损之，此民不困于诛求，而贞观之斗米三钱有以哉。后世惟竭民之财，以恣己之欲，不知损下则上下俱损，益下则上下俱益，君民一体，而贫富岂容二致耶？今天下公私俱竭，而病于国家之冗费未去，其取诸民者亦重矣。伏惟圣明崇俭以节用，损上以益下，天下幸甚！

◎元世祖至元二十一年（1284年），诏卢世荣行钞法。世荣自谓其生财有法，用其法当赋倍增而民不扰。翰林学士董文用谓曰："此钱取于右丞家耶？将取之民耶？取于右丞家则吾不知，若取于民则有说矣。牧羊者岁当两剪其毛。今牧人日剪以献，主者固悦其得毛之多，然羊无所避寒热，既死且尽，毛又可得乎？民财有限，右丞将尽取之，得无有日剪其毛之患乎？"世荣不能对。

释读：《格物通》指出，财出于民，未有不扰民而赋倍增者也。卢世荣理钞法之弊，自谓其生财有法，用其法当赋倍增而民不扰。呜呼！天下宁有是理哉？以此欺人罔上，何异于指鹿为马者乎？夫益上则必损下，自然之理也，乃谓赋增而民不扰，岂天雨而鬼输之耶？文用以牧羊剪毛喻之，宜世荣之无辞以对矣。然谓之剪毛犹可，后之敛民者犹并其膏血食之矣。献子曰："与其有聚敛之臣，宁有盗臣。"献子所以恶聚敛之臣者，以其剥民而必为之辞也。吁！世荣可谓聚敛之臣矣。人君苟喜其能丰财而信任之，则未有不耗国之元气以亡者。

◎华阳范祖禹曰："自井田废而贫富不均，后世未有能制民之产，使之养生送死而无憾者也。立法者未尝不欲抑富，而或益助之，不知富者所以能兼并，由贫者不能自立也。贫者不能自立，由上之赋敛重而力役繁。为国者必曰财用不足，故赋役不可以省，盍亦反其本矣。"

释读：《格物通》指出，井田废则赋已烦，赋已烦则民日贫也久矣。赋役之困民，恒由于财用之滥费，范祖禹所谓本者在是矣。为人君者诚能存心于天下，加志于穷民，崇俭黜奢，量入为出，则财恒足矣，何必重赋而烦役哉？若然，上下贫富皆有其分，均天下之道其在兹乎！

六、军备·兵道

据《左传》，鲁庄公十年（前684年）时，齐国攻打鲁国，两军战于长勺，鲁国用了曹刿的谋略取得了胜利。鲁庄公问曹刿取胜之道，曹刿回答说："夫战，勇气也。一鼓作气，再而衰，三而竭。彼竭我盈，故克之。"历史上有不少儒生指责曹刿诈谋，湛若水《春秋正传》认为："曹刿与公所言，皆主于忠。至于相时而动，好谋而成，亦兵家之道，未见其有诈谋取胜之迹也。舍是，则不为宋襄、陈余之兵者几希矣。"

据《左传》，鲁僖公二十二年（前638年），宋襄公与楚军战于泓。宋人既成列，楚人未既济，司马曰："彼众我寡，及其未既济也，请击之。"公曰："不可。"既济而未成列，又以告，公曰："未可。"既陈而后击之，宋师败绩。公伤股，门官歼焉，国人皆咎公。公曰："君子不重伤，不禽二毛。（意思是说：君子在战争中不再伤害已受伤的敌人，也不俘虏头发斑白的敌人。）古之为军也，不以阻隘也。寡人虽亡国之余，不鼓不成列。"子鱼曰："君未知战。勍敌之人，隘而不列，天赞我也；阻而鼓之，不亦可乎？犹有惧焉。且今之勍者，皆吾敌也。虽及胡耇，获则取之，何有于二毛？明耻、教战，求杀敌也。伤未及死，如何勿重？若爱重伤，则如勿伤；爱其二毛，则如服焉。三军以利用也，金鼓以声气也。利而用之，阻隘可也；声盛致志，鼓儳可也。"湛若水《春秋正传》赞同子鱼的分析。并进一步认为，宋襄公不自知其德不足以服郑，因郑归于楚乃伐郑以致楚兵，是之谓召衅；又不知好谋而成，乃固执于"不重伤、不禽二毛"以致败，是之谓玩敌。召衅者不智，玩敌者不义。孟子曰："夫人必自侮，然后人侮之；国必自伐，然后人伐之。"（《孟子·离娄上》）此之谓也。

◎间尝闻兵之要道，有本有用，其所谓本与用者安在？武王之兵曰："乃一德一心，立定厥功。"又曰："予有臣三千，惟一心。"孔子临事而惧，好谋而成；孟子："壮者以暇日修其孝弟忠信，入以事其父兄，出以事其长上，可使制挺以挞秦楚之坚甲利兵。"其用安在？孙膑、吴起之兵所向无前，曹操、司马懿用兵如神，其视秦楚之甲兵无异，其本安在？然史称“死诸葛吓走生仲达”，其所以相胜负者安在？岂诸葛孔明果汤、武、孔、孟之俦欤？我国家设立武学以教养将材，甚盛典也，尔诸生涵育教化已久，必尝究心于此，可著于篇，以观文武兼资之学，毋泛。

释读：此湛若水《己亥秋季武学试策问》，收入《参赞事略》，见《泉翁大全集》。

◎虢文公曰：“三时务农而一时讲武，故征则有威，守则有财。若是，乃能媚于神而和于民矣，则享祀时至，而布施优裕也。”

释读：出自《国语·周语》。《格物通》指出，优，饶也。裕，缓也。先王之政务农为重，而讲武为轻。故四时农居四之三，武居四之一，则其劝农之义可见矣。是故足食足兵而民信，兵农合一，故征守有备。是故神民协和，而外侮不至也。

◎大夫将兵，必不御者，欲盛其威，使士卒一意系心也。故但闻将军令，不闻君命也。

释读：出自班固《白虎通义》。《格物通》指出，将权惟其重而已，将将惟其贤而已。盖必将大夫所以尚贤也，不御盛威，所以重其权也。权重故士卒一心，是故闻将命不闻君命，所以一其心也，心一则无敌于天下矣。武王曰：“受有臣亿万，惟亿万心。予有臣三千，惟一心。”其斯之谓乎！虽然，使之一心于将者，乃所以一心于君也，后之人君必求一心之将以专任之而勿疑哉！

◎唐高宗永淳元年（682年）。突厥余党入寇并州，薛仁贵将兵击之。虏问大将为谁？应之曰薛仁贵也。曰：“吾闻仁贵流象州，死久矣，何以绐我？”仁贵免胄示之面，虏相顾失色，下马列拜，稍稍引去。仁贵因奋击大破之。

释读：《格物通》指出，仁贵骁勇冠军，发三矢而定天山，提卒二千而降四十城，其威信服于虏也久矣。所以锋镝未交，而声名自足以夺敌人之气。向使流死象州，则何以致虏之畏遁，而其为祸于国家者可胜道哉？然则名将者，天下之所属心而安危之攸系也，为人君者慎无轻黜之焉。

◎唐代宗永泰元年，十月，回纥、吐蕃合兵围泾阳，子仪欲挺身往说回纥，遂与数骑开门而出。回纥大惊，子仪免胄释甲投枪而进，诸酋长皆下马罗拜曰："我曹岂肯与令公战乎！"

释读：《格物通》指出，兵贵乎先声，将贵乎重望，盖以其平素所养，自足以先服乎敌心，是以能却敌也。当夫二虏内侵，泾阳累卵，子仪单骑至垒，免胄一示，而敌人逡巡莫敢争锋，是岂一朝一夕之能将所办哉？宜乎功塞天地而哀荣终始，垂之万世，为将相之师表也。

◎唐玄宗开元元年（765年），六月，幽州大都督薛讷镇幽州二十余年，吏民安之。未尝举兵出塞，虏亦不敢犯。

释读：《格物通》指出，边将之道以镇静为上，喜功好大，将斯为下矣。讷性沉勇，绰有父风，当夫滦河覆没，白衣从军，好大喜功之意消矣，所以幽州镇静之久，内以抚民，外以却敌，开元之盛，边衅不生，未必非讷之功也。为边将者，幸取法于是焉。

◎宋高宗绍兴十一年（1141年），十二月，秦桧杀故少保枢密副使武昌公岳飞。飞事亲孝，家无姬待，吴玠素服飞，愿与交，饰名姝遗之。飞曰："主上宵旰，岂大将安乐时邪？"却不受，玠益敬服。帝欲为飞营第，飞辞曰："金虏未灭，何以家为？"或谓天下何时太平？飞曰："文臣不爱钱，武臣不惜死，天下太平矣。"

释读：《格物通》指出，岳飞者，所谓才德兼全文武具备者也，故一鼓而破杨幺，使遂长驱而北，则中原可复矣。而秦桧杀之，遗千载无穷之恨也。飞之被杀，固飞之不幸，乃亦宋室之不幸也。桧之杀飞，固桧之罪，亦高宗之罪也。使高宗刚明独断，察桧之奸而必去之，知飞之忠而专任之，则故物可计日而克复也。不幸而至于斯，非天乎！或曰：古之制，将在军，君命有所不受。飞初为将，必有命辞也，为飞者知奸臣之误国而必将害已，引命将之制，拜表陈情而不受召，必长驱收复中原然后归而请罪，则宋之祚未必绝也，宗庙未必不血食也，胡虏未必乱中国而遗千载所无之祸也。此亦一说矣，然飞事亲孝故事君忠，岂忍为是哉？

◎国朝乙巳春。太祖御奉天门，与刘基论用兵，谓基曰："克敌在兵，而制兵在将。兵无节制则将不任，将非其人则兵必败。是以两军之间决死生成败之际，有精兵不如良将。"基对曰："臣荷圣上厚恩，得侍左右，每观庙算，初谓未必皆然。及至摧锋破敌，动若神明，臣由是知任将在上，将之胜不若主之胜也。然臣观陛下常不拘古法而胜，此尤所难也。"乃谓之曰："兵者，谋也，因敌制胜岂必泥于古哉？朕常亲矢石观战阵之事，阖辟奇正，顷刻变化，犹风云之无常势，要在通其变尔。亦何暇论古法邪！"

释读：《格物通》指出，后世之谈兵者，不过坐作进退之节，击刺攻守之宜，此其迹也。臣恐探本之论不如是也，何者？克敌在兵，制兵在将，而任将则在君也。是故明君慎择其将而已矣。将其贤也，则呼吸之间变态百出，如疾风之飘忽，如迅雷之过耳，用正用奇如鬼神之莫测，安用夫六韬三略之旧哉？韬略者无乃讲于平时，以开发吾之聪明者尔。聪明在我，则视听随寓而用，岂可定哉？圣祖谕刘基之言，可谓不泥于迹而独能用其神者矣。

◎吴元年十月，命徐达为征虏大将军，常遇春为征虏副将军，率甲士二十五万，由长淮入大河，北取中原。谓达曰："阃外之事汝实任之。兹行必自山东，次第进取。山东古云十二山河之地，师行之际，须严部伍，明分数，一众心，审进退之机，适通变之宜，使战必胜，攻必取，我虚而彼实则避之，我实而彼虚则击之。将者三军之司命，立威者胜，任势者强。威立则士用命，势重则敌不敢犯。吾尝与诸豪杰并驱，观其取败者未有不由威不立而势轻也。汝其慎之！"

释读：此朱元璋谕徐达、常遇春北征中原之言。《格物通》指出，其要在于识虚实，其道在于壮威势而已。进退之机，变通之宜，所以运用乎此者尔。此诚万世将帅决胜万全之术也，后之为将者不可不取法于斯焉。

◎洪武十七年（1384年）二月庚戌。上与翰林院侍讲学士李翀等论武事。翀曰："用兵重在任将。"上曰："任将之道固重，然必任之专，信之笃，而后可以成功。昔齐用司马穰苴，魏用乐羊，可谓任之专，信之笃，故皆有功。若唐肃宗用鱼朝恩，宪宗用吐突承璀为监军，使诸将掣肘以致败事者，是任将不专、信之不笃故也。"翀曰："惟陛下圣明，深知此失。"上曰："将必择有识有谋有仁有勇者。有识能察几于未形，有谋能制胜于未动，有仁能得士心，有勇能摧坚破锐，兼是四者庶可成功，然亦在人君任之何如尔。"

释读：《格物通》指出，御将之道有二，曰专任曰笃信而已。为将之道有四，曰识曰谋曰仁曰勇而已。为将之道在乎臣，而御将之道在乎君。此皇祖之见，万世不易之论也。若非有善御之君，则虽有识谋仁勇之将，车载斗量不能用也。仰惟圣明锐意文德，不忘武备，必修古遣将之法，专阃外之制，则可谓任之专矣。远谗间之口，安展布之心，则可谓信之笃矣。能斯二者，则穰苴、乐羊岂无复见于今乎？

◎国朝皇明祖训曰："四方诸夷皆限山隔海，僻在一隅。得其地不足以供给，得其人不足以使令。其不自揣量来犯我边，则彼为不祥。彼既不为中国患，而我兴兵轻伐，亦不祥也。吾恐后世子孙倚中国富强，贪一时战功，无故兴兵，致伤人命，切记不可。但胡戎与西北边境相密迩者，累世战争，必选将练兵，时谨备之。"

释读：《格物通》指出，此圣祖诫勿轻伐夷狄之言也。夫夷狄之人如禽兽然，何系于中国之轻重也？但后世人主有喜功之心，轻兵数战，以殃其民，以耗其国家，何益哉！故我圣祖切切以轻伐为诫，其四夷边境但选将练兵，令谨备之。天地包含之仁、裁制之义并可见矣。

嘉靖朝，安南国发生内乱，国王黎氏被其臣子陈暠及莫登庸父子驱逐夺国，黎氏派人来告变。湛若水撰《治权论》认为此事关中国治权，并进《治权论》于嘉靖皇帝。湛若水提出，治天下以权为大，所谓权，“犹之称锤也，以从衡也，以称物平施，以应天下之变者也。”权孰为大？曰：“礼乐征伐为大。孔子曰：‘天下有道，礼乐征伐自天子出。’”然则征伐之权，何以谓自天子出矣？曰：“天子有征无战。故曰：‘天子讨而不伐。’讨者，出令以声其罪于天下而已，不伐之而与之交战也。征者，正也，讨而正之而已也。如中国诸侯顽民有暴乱，则天子讨而正之则已，使其邻国连帅与其司寇自诛伐之则已也，而我中朝圣人坐治之而已也。如外国有篡逆，则天子讨而正之则已，使其国人与其臣民自合攻之诛之则已也，而我中国圣人坐定之而已也。”湛若水主张：古者天子不伐夷狄，征讨之而已，以不伐伐之而已。征也者，正也。讨也者，讨也、问也。讨问其罪于其国，使人人得诛之。是谓以夷狄攻夷狄，而以不伐伐之也。以不伐伐之者，是谓不伐之伐也。军法曰：“不战而屈人之兵。”是不战之战也。以我讨，词宜直也，故讨词为上，伐次之，战又次之。讨者，坐定之道也。且夫上天之生圣人也，将代天以理万国也，故称之曰“天之子”。先朝曾诫不伐安南者，嘉其国王陈日煃率先倡义归顺也。今莫登庸父子敢行篡逆，据我天朝世封之国，不讨正之，则大权废弛矣。或曰：“其国崎岖，有山岚之翳，有富良江之险，有悬兵深入之虞，有馈饷不继之虑，如之何可征之矣？”湛若水认为：先朝曾三征而三下之矣，而郡县之矣。且今非必伐之之谓也，但讨之之谓已也，正之之谓已也，使彼不得以自安，不能以一日自立于华夷而已也，使其国人人人得而诛之而已也。我兵不深入焉，夫何虞？以逸待劳，夫何崎岖？我履平易，夫何险？我不费斗粮，夫何馈饷之虑？嘉靖帝初闻莫氏篡逆，赫然斯怒，命往伐之。继而念彼叛逆者莫氏一人也，若往伐，而先为之鱼肉者，一国亿万之人民也，且讨而不伐者，古天子之礼也。是以迟迟焉。后诏于天下，命大臣捧诏于朝鲜以及安南，以往谕其国，使知皇天上帝之为尊而不可犯也。冀其悔改，不费我中国斗粮，不折我中国一兵，不疲我中国一卒，而可以一举而求定焉，是又圣天子神武不杀，仁之至，义之尽者也。倘不悔改，《春秋》之法：“臣弑其君，凡在官者杀无赦；子弑其父，凡在官者杀无赦。”弑逆之贼，人人得而诛之，不必天吏也。彼国人皆曰：“天子曾讨之莫氏矣。吾何以从之？”如是者则莫氏之气日衰，党与日将反戈焉，是犹我授之戈也，特假手于彼人民也。如是者持之以岁月之久，通国将自生变也，是我坐制其定也。是故君子惟大居正而已矣，毋逐小利而已矣。天下之变，贞夫一而已矣。前所谓不费斗粮，不折寸兵，不疲一人而可成万全之功者，此也。此讨而不伐之大效也，此天地之大道也，此天子之大权也，此以夷狄攻夷狄，而中国坐制其毙，以收成功者也。此之谓至德要道也，此纪纲所以永振，国势所以永昌，四夷闻之所以无怠无荒，来王之道也。或曰："有征乎？"应之者曰："有之。虽以我圣祖之勇智神武，封安南王陈日煃及日熞，以后叔明篡逆，下诏数之，谕以《春秋》诛乱贼之大义，而却其丰贡焉。历日煓、日焜二世之擅立而不请封，终不加兵，继而天果假手于黎季犛以灭之。此圣祖讨罪不伐，而夷狄伐夷狄之大验也。"